思想经济学

[英]维卡斯·沙（Vikas Shah）◎著

王亚宏 肖 茜◎译

THOUGHT
ECONOMICS

中国出版集团
中译出版社

图书在版编目（CIP）数据

思想经济学 /（英）维卡斯·沙（Vikas Shah）著；
王亚宏，肖茜译. —北京：中译出版社，2022.6
书名原文：Thought Economics
ISBN 978-7-5001-7066-2

Ⅰ.①思… Ⅱ.①维…②王…③肖… Ⅲ.①访问记—作品集—英国—现代 Ⅳ.① I561.55

中国版本图书馆 CIP 数据核字（2022）第 073896 号

First published in Great Britain in 2021
by Michael O'Mara Books Limited
Copyright © Vikas Shah 2021
The simplified Chinese translation rights arranged through Rightol Media
（本书中文简体版权经由锐拓传媒取得Email：copyright@rightol.com）
Simplified Chinese translation copyright © 2022 by China Translation & Publishing House
ALL RIGHTS RESERVED

版权登记号：01-2022-1586

思想经济学
SIXIANG JINGJIXUE

著　　者：	[英]维卡斯·沙
译　　者：	王亚宏　肖　茜
策划编辑：	于　宇　田玉肖
责任编辑：	于　宇
文字编辑：	田玉肖
营销编辑：	杨　菲　吴一凡

出版发行：	中译出版社
地　　址：	北京市西城区新街口外大街 28 号普天德胜大厦主楼 4 层
电　　话：	（010）68002494（编辑部）
邮　　编：	100088
电子邮箱：	book@ctph.com.cn
网　　址：	http://www.ctph.com.cn
印　　刷：	北京顶佳世纪印刷有限公司
经　　销：	新华书店
规　　格：	880 mm×1230 mm　1/32
印　　张：	10.875
字　　数：	181 千字
版　　次：	2022 年 6 月第 1 版
印　　次：	2022 年 6 月第 1 次印刷
印　　数：	1~4 000 册

ISBN 978-7-5001-7066-2　　　　定价：68.00 元

版权所有　侵权必究
中译出版社

序

标题必须是独一无二的,这样才能避免在搜索引擎中搜索出令人崩溃的结果,比如标题与哈萨克斯坦北部一个不起眼的雕像产生联系。维卡斯创建的网站的名字"思想经济学"从一开始就是原创的,是一个独特的词。这个选择很好。

在我写这篇序的时候,英国正因为新冠肺炎疫情处于封锁状态。在这场疫情大流行之前,"封锁"一词往往用来描述将犯人关押进监狱。"封锁"使得警方能够逐个搜索牢房,在其中寻找违禁品。现在,我们被封锁在自己的家里,在逐步完成自我搜寻。与此同时,新冠病毒在全球肆虐,无视国界,也毫不顾忌政府、组织和我们个人的想法。

这种披着看不见、摸不着的外衣的病毒像恐怖分子一样,在哪里都会造成严重破坏。为了保护自己,我们把自己关在室内、戴上口罩。可最重要的是,我们终归要面对自己。这取决于我们的选择，和我们的想法、我们的经济有关。我们需要韧性、需要希望、需要家人、需要商业、需要艺术、需要政府、需要朋友……这些都反映在这本书中。价值会随着需要而得到提升，我们能更清楚地看到什么是宝贵的、什么是应该维护的、什么是必须抛弃的。玛丽娜·阿布拉莫维奇说："我希望每个人都能在早上醒来时，清楚自己的目的是什么。这是我们生存的主要问题。"

但封锁也提供了一份礼物，一份送给世界各国政府和社会的礼物：让大家知道当把人类同胞的福祉置于利润和战争之上时会发生什么。在封锁时，书籍可以成为慰藉的来源。在与屏幕的竞争中，纸质书籍重新获得了其应有的位置。20多年前互联网出现时，书籍面临着巨大的挑战。如今，在多人之间传播的文字比以往任何时候都多。正是在这场革命中，思想经济学的博客结出了硕果。

在这本书中，维卡斯汇聚了全球一些最鼓舞人心的人物，和他们逐一交谈。这是一次深入而广泛的探索，一起探寻当一个了不起的人提出一个好问题时会发生什么。答案体现在一页又一页的交叉思考和不寻常的见解中。通过提问，维卡斯把最聪明的人集中安排到七个章节里。比如在第7章，国际象棋大师加里·卡斯帕罗夫（Garry Kasparov）谈到："越来越多的年轻人对政治产生了兴趣，我们应该感谢特朗普唤醒了他们。民主不是唾手可得的东西。罗纳德·里根曾经说过，'自由和灭亡间的距离绝不会超过一代人'，我们的民主工具已经生锈，因为人们以为它们总是自动运作的。"

一名俄罗斯国际象棋大师援引一位美国前总统的话，来描述当今世界正在发生的事情，这让我想起了马修·萨伊德（Matthew Syed）在《多样性团队》（*Rebel Ideas*）中提到的活力，他在书中鼓励董事会成员运用不同的思路来激发创新。这本书在对董事会喊话的同时，也向个人提出了建议。与我们的时代相匹配的经济学思想呼之欲出，《思想经济学》这本书的章节标题已经说明了一切。

我自豪地宣称维卡斯·沙是我的朋友。在我给他打电话时经常会听到他说："现在不方便说话，正在做采访。"大约一周以后，我就会在邮件中收到他的采访实录，那可能是与阿里安娜·赫芬顿（Arianna Huffington）的一次对话，也可能是和世界上最富有的慈善家梅琳达·法兰奇（Melinda French）的交谈。他的访谈对象的名单阵容强大到令人惊叹，包括诺贝尔奖得主、唱片制作人、全球闻名的艺术家、量子物理学家、政府总理等。我问他："你怎么找到这些了不起的采访对象的？"他的回答是："我给他们打电话。"然后尘埃落定，他进行了令人难以置信的采访，因为他是一个了不起的人。

如果将提出问题看作一门艺术，那么维卡斯就是这个领域的毕加索（Picasso）。当一位评论家说毕加索画不出一棵树时，据说毕加索的回答是："他是对的。我不会画树，但当你看到一棵树时，我可以画出你当时的感觉。"维卡斯千方百计从采访对象那里描绘出类似的感觉。总理和艺术家相继回答一些问题，答案中的真知灼见让你受益终生。

此外还有一种简单的乐趣，就是听像电影制作人保罗·格林格拉斯（Paul Greengrass）这样的艺术大师说起他们为什么会进行艺术创作："去电影院是一种美好的体验，伟大的大卫·里恩曾经说过，当他还是个男孩的时候，他在影院看到一束朝屏幕投射的光线，就好像是从大教堂的窗户中射出的光一样，这让他产生了虔诚的感觉——这是有道理的。电影有玄机、有魔力。"

我认为《思想经济学》和《巴黎评论》(*The Paris Review*)类似。这本书值得一读，也值得保留多年，书中蕴含的智慧将永远陪伴着你。不管你是首席执行官，还是为首席执行官打扫办公室的清洁工，书里都有一些东西可以为你所用，一些东西可以改变你的生活，一些东西可以鼓励你继续前行。

书中没有矫揉造作，这些访谈通俗易懂，而且最重要的是内容丰富，发人深省。

《思想经济学》是我们理解这个世界的重要补充。

诗人，畅销书作者　莱姆·西赛（Lemn Sissay）

前言

我写这本书并无他求。我既不是记者,也不是专业作家,驱动我写这本书的是好奇心。我是那种在课堂上不断提出问题的孩子——跟着老师,在他们休息的时间里见缝插针地问一些比如"宇宙是如何运行的"之类的问题。

我的日常工作涉及商业领域,我想你可以称我为企业家。但我不想刻意美化这个职业,让人由此联想到那些光彩夺目的人,他们刚一走出闪亮的私人飞机,就又进入豪华的汽车,他们在昂贵的手表上查看时间,然后穿过由著名建筑师设计的豪宅大门。这种人并不是我。我的公司只是众多小企业中的一部分。

我在14岁的时候开始了第一笔生意,按照今天的科技企业家标准,14岁可能已经是不小的年纪了,但在当时,人们认为这在企业界还算是一张稚嫩的面孔。Ultima集团的业务是网页设计和软件开发，但我们也有一项名为《独立软件评论》（*Independent Software Reviews*）的附属业务，这是最早的在线杂志之一，我和同事针对计算机游戏、软件和音乐做出评论。

当时，我们并没有意识到这项附属业务作为在线出版物出现的时间算是很早的，不久之后该业务突飞猛进，每月有超过 50 万名用户浏览这份在线杂志。在互联网早期，这是一个巨大的数字。我们构建了世界上第一个内容管理系统（我们称之为"扁平化网络"），并在全球范围内整合内容。我怀疑我们没有从该出版物的成功中获得更大收益的唯一原因是我们那时都还是孩子。随着 2001 年第一次互联网泡沫破裂，这项业务（和出版物）戛然而止，但我从没放弃写作的习惯。

我们这一代人可能是最后一批习惯阅读长篇内容的人。我们是在报纸、期刊和书籍的陪伴中长大的，而在 21 世纪初，最常见的信息来源变成了各种视频、播客和社交媒体渠道。随着技术在我们的经济、文化和社会中发挥的作用越来越突出，我们也看到世界发生了巨大的变化，而思想显然成为新的动力。我们一直将市场、经济、文化、社会和政治视为存在于我们之外的现象，而实际上它们都是思想的产物，也是与人们息息相关的存在。虽然花了一些时间来酝酿和积累对

前　言

此的感悟，但我终于迎来了顿悟时刻。

2007年，为了缓解我因缺乏长篇作品而沮丧的心情，并满足写作的愿望，我创建了一个博客。它甚至没有独立域名，只是 thinkeconomics.blogspot.com 这样一个非常简单的博客，使用的是谷歌免费博客平台上的没有任何设计的模板。"思想经济学"这个名字源于这样一个事实，即思维、想法、概念这些思想的产物创造了我们的世界，所以也许我的博客可以对此进行探索。我的计划只是偶尔发表几篇关于感兴趣的话题的长篇文章，主要是对我多年来遇到或认识的有趣的人的采访。我对这些文章并没有作长期规划，只是将其作为一种在日常工作的同时发挥自己兴趣爱好的方式。我不想编辑这些访谈，或将采访变成评论文章，而只是转录对话并原封不动地发表出来。

我在博客上发布的访谈越多，访问量就越大，而且很快就有一群读者真正喜欢原始、未经编辑和（非常重要的是）无须付费的长篇采访内容。到2008年，我开始经常收到来自世界各地读者的电子邮件，他们向我推荐希望我进行访谈的主题和人物——这使得我真正回到顿悟时刻。按照初创公司的说法，我做了一个中枢——购买了 thoughteconomics.blogspot.com 这个域名，建立了一个合适的网站（尽管是在

WordPress 平台上），并开启了我的任务，即采访那些我认为对读者、对这个时代产生了积极影响的人。

维基百科的创始人吉米·威尔士（Jimmy Wales）是我首批采访的名人中的一位，对他的采访经历给了我一个深刻的教训：要做更多的准备。吉米是第一个愿意花时间接受我这个不起眼的小博客采访的名人，我把想问的问题发给他，他的回答很简单："这些问题我以前都回答过，再试试别的问题。"从那时起，我不仅会更详细地研究每位受访者，还会与他们一起准备围绕他们最热衷和最感兴趣的话题提出的问题。

相当神奇的是，仅仅几个月后，我就约好了和我个人崇拜的英雄、前宇航员巴兹·奥尔德林（Buzz Aldrin）的电话访谈。在某天傍晚，我在办公室的电话旁等待巴兹·奥尔德林给我打电话。访谈进行得很顺利，最后发生了一件特别难忘的事，至今还时刻提醒我，我正在做一些非常不寻常的事情。我父亲当时也在办公室，因为我们计划当天晚上一起吃晚饭。在访谈过程中，他过来找我：

父亲：要不要来杯茶？

我：（在电话上静音）不，谢谢，爸爸，我这里有点忙……

前 言

父亲：你给谁打电话？

我：巴兹·奥尔德林。

父亲：胡说。（笑着走开）

由于沉浸在发展新网站的兴奋中，我几乎忘记了这些机会是多么令人难以置信，但是我的朋友和家人对我正在与谁交谈的怀疑让我意识到，能够获得机会与一些最有影响力和最有趣的人进行一对一的电话交流是多么荣幸。在我发表了对巴兹的采访后，一家主流报纸的记者给我发邮件问："你是怎么找到他的？之前我们已经尝试了很多次。"我经常被问到这个问题，我诚实地回答："我不知道，我只是多询问！"

当然，在我发表的每一次采访背后，是人们看不到的大量的被拒绝。我得到的每一次访谈机会都是至少20次尝试的结果，之前的19次会遭到拒绝，有时拒绝的理由会让人感觉很不官方。例如，在写这本书的过程中，我联系了美国的一位领导力专家，他的办公室人员回复说："你们网站上的大部分采访是不是都是假的？对不起，采访申请没有通过。"这是一个非常糟糕的答复，可能会引发一大堆负面情绪。我提醒自己，我接触的都是一些经常被要求接受采访的人，那些人天生就有戒备心，他们身边也有一层层的人在保护他们并为他们规划时间。

从许多方面来说，出版《思想经济学》一直是我决心要做的事情。这向人们证明，如果你有恒心和毅力，就有可能做到一些难以想象的事情。当出版商联系我，想将一些访谈编辑成一本书出版时，我已完成了一些我最喜欢的采访，并被贯穿于许多问题中的共同主题和它们揭示的发人深省的答案所打动。

首先是身份和永恒的问题，即我们是谁、我们的目的是什么以及我们在世界上的位置。这也引起了许多关于文化的问题，文化是将我们联系在一起的黏合剂，它包括艺术、音乐、文学，这些真正重要的东西中都融入了我们关于身份认同和归属的思想。归属感的概念延伸到社会，也带来了一些基本的偏见。歧视往往会通过党同伐异和欺上媚下的形式表现出来，导致痛苦、苦难和不平等，这往往也构成了我们所看到的人类历史上大部分冲突的起因。

在应对这些明显的挑战的同时，社会在和平建设和民主这两个最伟大的治理实验方面取得了巨大进展。民主创造了政治、法律和经济的框架，企业家们在这个框架下创造了推动世界向前发展的创新、想法和企业，为我们的经济创造了支柱，提供了就业、机会并解决了许多最紧迫的问题。然而，如果没有领导力，所有这一切都是不可能实现的，在我所做的每一次采访中,都见证着领导力品质,映射着其激励团队、团结各方和实现目标的能力的光芒。

毫无疑问,某些章节中也存在空白。你会觉得缺少一些重要的话题或人物;可能有一些观点没有得到解释,或还有需要讲述的真相。"思想经济学"在不断发展,并且会定期增加采访。我对思想和观点的多样性充满热情,并将始终尽我所能确保其在整个网站上得到体现。

人类的最好和最坏的结果都来自我们的思想,在世界上有那么多人在文化、社会、经济和政治上都感到不稳定的时候,我们所有人不仅要开诚布公地谈论这些问题,而且要尽可能多地吸收多元化的知识和不同的观点,以便更深入地了解它们,而不是浮光掠影地一知半解,就在 Twitter 上互相谩骂。

正是本着推动这种深入理解的精神,我将这本书获得的至少 1 万英镑的版税捐给两个组织。第一个组织是"取代战争"(In Place of War),是一家由我担任主席的国际慈善机构,在 30 个受冲突影响的国家中的社区开展工作,利用艺术、研究和创业精神来建立可持续的和平,提供更多机会。第二个是曼彻斯特大学,是英国第一所公立大学,与作为世界上第一个工业城市的曼彻斯特的发展密切相关,它也是在许多重要领域改变世界的研究的地方。这两个组织都在为知识而战，在发挥思想的力量，也在为我们指明改变世界的道路。

很荣幸与你分享这些对话，如果你想分享你的思想，或者想要对任何新的采访或话题提出建议，欢迎给我发邮件：vs@thoughteconomics.com 或在 Twitter 上 @MrVikas。

维卡斯·沙

2020 年 7 月，伦敦

目 录

01 身份认同：我们是谁 001

为什么身份认同很重要 006

如何找到自己的身份认同 007

身份认同如何影响社会 008

为什么这么多人只依靠工作来建立身份认同 009

活着意味着什么 011

过上幸福生活意味着什么 012

为什么人类会认为与其他物种不一样 014

如何找到生命的意义和道德的基础 015

什么是"生命"，活着的感觉是什么 017

每一个生命都有意义吗 018

生活中哪里能找到快乐 019

怎样才能战胜恐惧 019

你对人类的未来有什么担忧和希望 020

宗教和科学是如何在社会中出现的 022

灵性在生活中发挥了什么作用 023

量子力学有助于理解生命的基本原理吗 025

量子力学有其哲学意义吗 026

其他物种会感受到意识吗 029

对黑猩猩和类人猿的研究如何改变了你对人类的看法 029

艺术为什么会存在 031

什么是审美 033

为什么人类无法充分发挥潜力 035

教育在社会中的作用是什么 036

02 文化：人性的内涵 041

讲故事在人类文化中的作用是什么 046

为什么要写作 047

诗歌在社会变革中起到什么作用 049

诗歌在文化中的作用是什么 054

诗人在文化中扮演什么角色 056

是什么让一件作品真正伟大 057

文字如何与其他文化形式并存 058

小说和故事里的情节能改变关于性别、性取向和种族等根深蒂固的叙事方式吗 059

目 录

文字在青年文化中发挥什么作用 060

写作一定要有道德感或负有道义责任吗 061

为什么写作文化很多时候都反映出一种怀旧感 063

音乐在人类体验中发挥什么作用 064

什么是表演艺术 066

音乐有流派之分吗 067

音乐与语言有什么关系 069

为什么电影能成为文化的重要组成部分 071

电影作为一种表达方式的作用是什么 072

如何讲出一个好故事 073

电影与印度文化有什么关系 074

印度电影反映的是一个更加多元化的国家吗 075

音乐在宝莱坞影片中扮演什么角色 077

摄影在文化中发挥什么作用 078

摄影在了解自己方面有什么作用 079

照片能改变世界吗 080

艺术的力量是什么 082

年轻一代与艺术运动有什么关系 083

为什么食物如此重要 084

食物在文化中的作用是什么 086

03 领导力：将人聚在一起　091

成为领导者意味着什么　095

当今世界需要什么样的领导风格　099

我们需要重新定义领导力吗　101

领导力最本质的特征是什么　102

如何让卓越成为公司文化的一部分　103

如何打造和引领表现优异的团队　105

如何建立一个有着根深蒂固的价值观的公司　106

如何建立信任　107

领导者如何有效地改变员工的行为　108

权力对领导者意味着什么　109

如何进行谈判　111

在领导力中，失败会发挥什么作用　113

成功和失败意味着什么　116

我们需要重新定义成功吗　117

如何建立一种让成功与失败"融合"的文化　118

韧性在领导力中发挥什么作用　120

生活方式对心理健康有什么影响　121

为什么商业文化会忽视睡眠　122

你从F1的职业生涯中学到了什么　123

如何从逆境和挑战中学习　124

逆境如何塑造我们　125

为什么在紧张形势中保持对立的道德感或文化价值观很重要　125

领导力是天生的还是后天造就的　127

领导者如何处理不完整的信息　128

商业在社会中发挥什么作用　131

04　创业：创造者和制造者　135

创业意味着什么　140

创业者在经济社会中能发挥什么作用　148

对一个创业者来说关键的推动因素是什么　152

一个伟大的创业者有什么特点　157

如何将作为企业家的身份与作为个人的身份区分开来　160

创业思路的源头是什么　162

一家成功的企业有什么特点　163

创业者最常犯的错误是什么　165

慈善事业在创业中的作用是什么　167

企业在多大程度上能与社区融合　170

失败对创业有什么作用　171

你会给未来的创业者传递什么信息　172

05 歧视和不公：他们和我们　183

如何改变贫困　189

政府在消除贫困中发挥什么作用　190

生理有缺陷的残疾人面临多么严重的歧视　192

"残疾"一词的真正含义是什么　193

你想告诉那些残疾人什么　194

什么是种族　196

种族与身份的关系是什么　197

是什么导致殖民时期的种族隔离，最终演变成了后来的种族隔离制度　198

是什么导致了种族隔离制度的废除　200

为什么各机构对种族主义反应迟缓　201

媒体对种族的描述如何影响种族主义　202

奥斯威辛的经历改变了你的身份意识了吗　204

分享奥斯威辛故事的重要意义是什么　205

为什么我们仍然需要围绕性别歧视进行对话　206

女权主义意味着什么　207

女性所面临的性别歧视的规模和现实是什么样的　209

为什么我们的文化如此严重地贬低女性价值，而只强调其外貌　210

社交媒体如何影响人们自我定位形象　211

生活经历对你处理国际上女性面临的问题产生了什么影响　212

为什么女性在全世界受到如此多的不公正待遇　213

教育在全球发展中发挥什么作用 214

你会给当代女性传递什么信息 215

你充满希望吗，你如何保持乐观 216

性取向与身份的关系是什么 218

LGBT+群体受到迫害与人权之间有什么联系 219

你对未来抱有希望吗 220

网络上展现出的人性是如何影响我们的 222

怎样才能遏制社交媒体被滥用 223

新闻和社交媒体对心理健康有什么影响 224

为什么我们的社会需要激进主义 226

你从哪里得到奋斗的勇气 226

你会给下一代活动人士提出什么建议 227

06 冲突：战争、和平与正义 231

为什么会存在战争和冲突 235

什么原因导致和平破裂 238

冲突和暴力是人性的一部分吗 240

战争或冲突是合理的吗 241

全球秩序有多脆弱 243

建设和平与和解进程的开端是什么 244

如何才能创造持久的和平 246

文化与宗教和冲突与建设和平之间的关系是什么 247

有些行为是不可宽恕的吗 248

宽恕能代替复仇吗 249

在变得分裂的社会里,如何能积极地缔造和平 251

我们会看到一个没有冲突的世界吗 251

你对下一代最大的担忧是什么 253

为建设一个和平的世界,你会给下一代传递什么信息 254

全球难民流动的规模有多大 258

各国对难民要承担哪些义务 260

如何改善难民的处境 261

我们需要一个没有边境的世界吗 264

07　民主:2 500年的权力实验　269

什么是民主 273

为什么民主很重要 276

我们的社会在多大程度上是自由和民主的 276

公民是否了解政府应该如何与他们打交道 278

为什么右翼和民粹主义运动激增 279

外交政策的真正驱动力是什么,以及这对公民有什么影响 287

为什么反欧情绪在增长 290

公投是民主的重要组成部分吗 291

目 录

我们需要更多地参与政治讨论吗 292

缺乏公众参与以及公众对民主缺乏了解会带来什么后果 293

如何让民众重新参与政府决策 294

什么是权力 295

公民是否理解权力对生活的影响 297

企业会对社会产生什么影响 298

法律在民主观念中的作用是什么 300

当面对恐怖主义等威胁时,一个国家如何在自由的需求与安全的需求之间保持平衡 302

你会给下一代提出什么建议 304

致 谢 311

索 引 313

01　身份认同：我们是谁

> 现实并非具有某一特性的对象的集合,而是一个具有交互作用和相关信息的网络。
>
> ——卡洛·罗威利

你是谁?从身体构成上看,你主要由一袋水构成。

这听起来有些不同寻常,直到你意识到自地球大约45亿年前形成以来,地球上的水量一直保持相对稳定。水在海洋、河流、森林之间循环流淌,你、我和我们周围的每个人其实都是大袋的古老的水。你也可以被描述为一袋物质、一堆材料、一簇原子。这听起来也同样有些离经叛道,直到你意识到构成我们的物质是数十亿年前在恒星的深处形成的,并且通过我们仍然不能完全了解的演化过程，形成了你和我这种古怪的超级猿猴，这种猿猴聪明到足以思考自身的起源和在宇宙中所处的位置。

在思考"我们是什么"这样的基本问题时，提到"我"就会引发诸多疑问。每一天，我们的身体都在发生改变，在精神上也有所变化。比如，现在身体中的细胞相比于出生时已经换了很多次，大脑中的想法也和10年前大不相同。

当我们提到自己的时候，实际上是在谈论我们的连续性体验。一个人实际上是在经历了现实的方方面面后，才走出属于自己的独特路线。这些经历对每个人来说是独一无二的，这创造了作为个体的自我，它是一种时间现象，与任何其他个体无关。

以这种方式认识自我很重要。每个人都是独特而美丽的，并且能够有意识地进行自我审视。在我们受教育的背景下，这些经历是由不断地学习推动的。换句话说，我学故我在。学习对人类至关重要，在历史的大部分时间里，深入思考和自我发现的任务主要留给知识分子和各界精英去完成，无论是在宗教领域还是政治领域都是如此，其他人必须足够服从才能发挥作用，并且他们的行为相对可预测。

然而，随着技术进步，人类的自我认知也越来越变化无常。人们不再由他们做什么来定义，而是成为一个能够学习、提问和成长的个体。传播文化的新方式也为人类提供了创新的机会，我们能以前所未有的戏剧性方式来探索我们是谁以及我们有什么能力。例如，在20世纪50年代，很难想象我们所有的知识能被存储在计算机网络中，也难以设想我们会拥有破解自身DNA的技术，或者生活在缺乏基本食物和水的环境中的数十亿人可以接受数字教育。不到半个世纪后，这些事情都已是司空见惯的。

如今，社会、文化和技术变化的步伐正在迅速加快，这意味着10年后人们的状态将与今天大不相同，这就需要一套有别于我们目前的认知、情感和精神的体系。身份认同和"我们是谁"，对于我们如何看待世界上的其他事物非常关键，我想从这个话题开启这本书。

本章是我与艺术家们的一些对话，他们试图解释我们在世界上的位置；本章包含我与精神领袖们进行的部分访谈，对他们而言，信仰是人类的共同行为；本章有对研究并帮助我们了解生命开端的学者的访谈。我还收录了一些对著名物理学家的采访，他们向我讲述了我们在宇宙中的位置。如果不深入探究我们这个时代的故事，对身份认同的理解就会显得不完整，所以我也想分享与一些励志作家的对话，他们对"我们是谁"给出了深刻且美好的描述。

为什么身份认同很重要

夸梅·安东尼·阿皮亚[①]：身份认同实质上涉及几个关键要素。我们都有一个标签，上面写着如何进行身份认同，我们既给别人贴上标签，也被别人贴上标签。标签代表了一种思考、感受和行为的方式，我们在标签下获得对某种事物的认知。我们还面临这样的现实：在某种情景下，标签会影响别人如何对待你，并影响你如何看待他人。对于我们这些拥有某种身份的人来说，标签提供了"我们是谁"的概念，并帮助我们思考应该如何行事、我们属于哪个群体、我们应该与谁团结、我们会与谁发生冲突，以及谁是自己人、谁是外人。

当然，其中一些标签可能会导致负面结果，但身份认同在塑造我们的身份方面发挥着积极作用。现代生活让人们有了更多的身份认同，对拥有这些身份的人有了更多的期望并对其进行行为规范。在现代社会，我们也可以完全拒绝标签，

[①] 夸梅·安东尼·阿皮亚（Kwame Anthony Appiah）：加纳裔英国作家、文化理论家和纽约大学哲学与法学教授，2012年在白宫被授予国家人文勋章。

宣称:"我不是男人!我是个女人!"或者"我是个男人,但作为男人不一定非要这样,也可以这样……"

如何找到自己的身份认同

艾丽芙·沙法克[①]:我一直对政治身份认同持批判的态度。看到我身边的政治团体——总体上属于自由左派——中有许多人,尤其是年轻人希望捍卫政治身份,将其作为一种进步力量,对此我感到很难过。事实上,政治身份认同可以成为提高认识的良好起点,但它不能成为我们认知的目的地,也不能成为我们认知的终点。

人们具有应对部落的本能,即不要退回到另一个小团体中。前进的道路就是要不断挑战部落主义的心态。当我审视自己的时候,可以清楚地感觉到,我没有一个固定的身份,取而代之的是有多重归属。我是一个伊斯坦布尔人,无论走到哪里,我都带着对伊斯坦布尔的思念;我依恋爱琴海,所

[①] 艾丽芙·沙法克(Elif Shafak):土耳其裔英国作家、学者和妇女权利活动家。她的书已被翻译成51种语言,她因在艺术和文学方面的贡献而被授予法国艺术与文学骑士勋章。

以大海彼岸的希腊文化也贴近我的内心;我对安纳托利亚情有独钟,被那里的亚美尼亚、塞法迪奇、阿列维、库尔德、土耳其、雅兹迪等所有传统和文化所吸引,我会全力拥抱它们;我依恋巴尔干半岛,无论是保加利亚、罗马尼亚,还是塞尔维亚都对我有吸引力;我属于中东,我喜欢接近黎巴嫩人、伊朗人、埃及人和伊拉克人,我有很多东西要与他们分享。同时,就我所坚持的核心价值观而言,我天生是一个欧洲人。我是伦敦人,是英国公民;我还是世界公民,有全球灵魂。我是一位母亲、一名作家、一个讲故事的人、一个女人、一个游牧者、一个神秘主义者,也是一个不可知论者、一个双性恋者、一个女权主义者。就像沃尔特·惠特曼说的,"我包含众人。"我们都有多重身份。

身份认同如何影响社会

夸梅·安东尼·阿皮亚:阶级的优点在于,它是一种社会认同,与客观存在的真实事物相关联,它是你的社会经济选择。在某些方面,我们的社会在经济上正变得日益两极分化,对那些过得很好的人来说,他们面临的一个挑战是如何分散人们对身份认同的注意力,因为如果人们以阶级身份为基础组织起来,他们大概会被赶下台。因为身处社会底层的人数量更多,这些人可能会采取行动以减少不平等。让我感到困惑的是,为什么阶级在我们的政治中没有发挥更大的作用。我们用身份来塑造自己,用身份来定义自己和他人的关系——我们必须有意识地认识到这一点,否则我们就会高估身份认同的重要性,就像我们对性别的定义那样。与性别意识形态对我们的暗示相比,女性和男性的相似之处更多。几十年来我们一直在努力消除性别歧视和重男轻女观念带来的不良后果,我们一直试图把这种观念赶出我们的价值体系,但事实上却又不断深陷其中。你无法摆脱身份认同,但你可以改变自己的观念。

为什么这么多人只依靠工作来建立身份认同

罗丝·麦高恩[①]:我曾经意识到,仅仅因为某人拿出一张写有他职业的名片,并不能确定他是谁或他实际上是做什么

---

① 罗丝·麦高恩(Rose McGowan):美国女演员、活动家和《纽约时报》(New York Times)畅销书作家。她在2017年入选《时代》(Time)周刊2017年度人物。

的。为什么那些你有兴趣和激情但却不会得到报酬的活动,没有资格为你带来身份认同呢?为什么这些活动在某些方面并不显得更有价值?这些活动当然有其作用,但对大多数人来说,这些活动因为不赚钱,而被视为爱好或"无用的才能"。但这些才能实际上可以帮助你定义自己。我想助力社会发展,四年前当"#MeToo"运动①开始时,我的想法是,看看我们是否可以促使整体思想观念发生变化,并打破那些陈词滥调。这个过程有点像文化重置。

当人们聚集在一起时,我总是认为,谈论最常见的话题是一件很有意思的事。如果有人让你介绍一下自己,你的自然反应往往从职业开始,比如"我经营一家企业""我是律师""我是医生"等。当我的第一笔生意随着网络泡沫破裂而崩盘时,我突然意识到,用自己的所作所为来定义自己的身份是危险的,也存在诸多限制。我们的能力远远超过我们的工作,也更有价值。

面对我们提出的问题,宗教和精神往往是答案的源泉,为数十亿人提供安慰和解释。我出生在一个相当虔诚的印度

---

① #MeToo 运动是指美国反性骚扰运动。

教家庭，目睹了父母和家族求助于宗教，为日常生活中遇到的问题寻求答案。至于我，我读的学校虽然与许多英国学校一样以信仰为基础，但它植根于对科学和世俗的探究，因此我的整个世界观是在尊重科学的框架中形成的。

活着意味着什么

萨古鲁[①]：生命并非对所有人都是一样的。我们可以在不同的维度、不同的敏感度和感知水平上界定生命，但不幸的是，并非每个人都以同样的方式活着。这就是我致力于让人们充分发挥"生命力"的原因。人生的根本目的是在最大限度的深度和维度中认识生命。如果你想认识生命，唯一的办法就是让自己处于人生巅峰，否则你无法体验到除你本身之外的任何事情。你认为的光明和黑暗都存在于你的内心，快乐和痛苦在你心中萌生，煎熬和狂喜在你心里滋长。你所经历的一切都发生在你自己身上，正是你自己的活力让你能够体验到更深刻的生命。

---

① 萨古鲁（Sadhguru）：印度瑜伽士和作家，2017年因对灵性领域的贡献而被授予印度第二等平民奖莲花赐勋章（Padma Vibhushan）。

过上幸福生活意味着什么

乔丹·B.彼得森[①]：过上幸福生活意味着你要花大量时间解决世界上的麻烦，包括自己的、家人的和社区的麻烦事。每个人都有一种感觉，那就是事情没有那么简单，每个人都会受到他们所看到的痛苦的事情的影响。这给我们造成了无法避免的道德负担，而卸下这种负担的唯一办法就是正视它，并设法对此做些什么。人们最终会发现，他们一生中所做的有价值的事情，包括那些给予他们力量、让他们坚毅，以及带来一定程度的自我实现的事情，都是他们在面临严重问题时所采取的负责任的行为。

把幸福作为人生的关键追求犹如水中捞月，那不是一种能够实现自我的追求。生活已经很复杂，会让我们焦虑、痛苦、失望和受伤。这不是悲观的看法，而是事实。我的经验是，与某人泛泛而谈并不需要花多少时间，但如果你真正倾听他们的

[①] 乔丹·B.彼得森（Jordan B. Peterson）：多伦多大学临床心理学家兼心理学教授，他的畅销书《人生十二法则：现代人应对混乱生活的一剂良药》（*12 Rules for Life: An Antidote to Chaos*）已被翻译成50种语言，全球销量达数百万本。

意见，并深入了解他们，你就会发现他们日复一日地要处理很多真正麻烦的事情。或许你确实看到一些人在生活中的某段时间会过得无忧无虑，但我认为这并非常态。有些人认为短暂的满足感和"幸福"将会扭转人生，这样的想法让我觉得太过天真，简直无法站得住脚。事实上，生活中总是充斥着失望。

安尼施·卡普尔①：当你忘我并且全神贯注的时刻，正是你最有活力的时刻。有那么一瞬间，当你看到出色的艺术品时，你会感觉不到时间在流逝。不是时间不再存在，而是变得更长，或者被暂停。当你完全沉浸在自己以外的事物中时，你会进入一种遐想主导的状态，人们有时会在冥想中体验到这一点。这些难以名状、精彩而又神秘的经历是我们的一部分。我最近去了纳米比亚的沙漠，那是世界上最美丽的地方之一。在那里有很多死去动物的尸体，我每遇到一只死去的动物，都会不由想到，"这是一个理想的死亡场所"。为什么会有这样的想法？在一定程度上，在开放、严酷的空间中，生与死都是好兆头。

---

① 安尼施·卡普尔（Anish Kapoor）：英国雕塑家、皇家学院成员，专门研究装置艺术和概念性艺术。

山姆·尼尔[①]：我不期待会因为某些事情而被人记住。我记得曾经读到过这样一句话，"你应该希望在离开后，你的名字可能会成为某人唇间发出的甜美音节……"我想这可能是最好的结果了。电影像其他一切东西一样会消失，文化决定了什么是重要的、什么会被铭记。

为什么人类会认为与其他物种不一样

尤瓦尔·诺亚·哈拉里[②]：因为我们主宰和剥削其他物种，所以我们需要向自己证明我们和其他物种不同。我们觉得自己是一种更优越的生命形态，有一道巨大的鸿沟将我们与其他所有动物区分开。实际情况并非一直如此，在农业革命之前，狩猎采集者与其他动物并没有太多不同。人们将自己视为自然界的一部分，与周围的动植物和自然现象不断地交流

[①] 山姆·尼尔（Sam Neill）：演员、作家、导演和制片人，以主演《侏罗纪公园》（Jurassic Park）和热播剧《浴血黑帮》（Peaky Blinders）而闻名。他在位于新西兰皇后镇的家附近拥有自己的酒庄。

[②] 尤瓦尔·诺亚·哈拉里（Yuval Noah Harari）：历史学家和哲学家、国际畅销书作家，作品包括《智人：人类简史》（A Brief History of Humankind）、《天神：明日简史》（Homo Deus: A Brief History of Tomorrow）和《21世纪的21堂课》（21 Lessons for the 21st Century）。

和妥协。然而，一旦农业革命赋予了人类超越其他动物的权力，人类就开始认为自己与其他动物有着本质上的不同。因此，人类发明了各种宗教，把自己提升到高于其他生命的地位之上。我们通常认为，犹太教、基督教和伊斯兰教等宗教都有自己的神明，但我们往往忽视了这些宗教也将人类神圣化。上帝的主要工作之一就是解释人类比动物更优越。

如何找到生命的意义和道德的基础

史蒂芬·平克[①]：如果说宗教信仰有什么不同寻常之处的话，那就是对上帝的信仰会妨碍人们过上有道德和有意义的生活，其原因可以追溯到柏拉图的《游叙弗洛》。虽然人们相信上帝是道德真理的赐予者，但人们仍然会问："上帝自己是如何得出这些道德真理的呢？"较为随意的答案是，它们是上帝的一时心血来潮或是源于某种偏好。那么我们又为什么要认真对待这些随意的偏好呢？另外，如果上帝有充分的理

---

① 史蒂芬·平克（Steven Pinker）：哈佛大学心理学教授和国际畅销书作家，作品包括《语言本能》（*The Language Instinct*）、《心智探奇》（*How the Mind Works*）和《当下的启蒙》（*Enlightenment Now*）。

由相信《圣经》中所提倡的道德戒律,我们为什么不直接实施这些戒律呢?因此,超自然实体对生命和道德的认可应该是无关紧要的。

在回答如何使我们的生命有意义这个问题时,我们必须着眼于我们的道德基础,道德最终取决于公正的观念。不能武断地说别人的利益是简单的,而自己的利益是特殊的,因此希望得到别人的认真对待。探寻生命的意义不同于探寻道德的意义,归根结底是要认识到我们在自然界中的地位以及我们自身固有的脆弱性。

在许多方面,自然法则与我们的福祉毫无关系——如果非要说有什么联系的话,那就是它们似乎在磨砺我们。生命也受到热力学第二定律"熵增原理"的影响,即在没有能量和信息的注入并且不断产生进化的情况下,无序会增加。进化过程对我们个体来说意义不大。事实上这是一个竞争过程,意味着我们总是很容易受到病原体、寄生虫、有机物和病毒的影响,更不用说竞争性本能会导致人类经常成为自己最大的敌人。这就是我们所处的现实。

什么是"生命",活着的感觉是什么

乔治·丘奇[①]:大多数关于"生命是什么"的讨论都纠结于对二分法的假设,想在生命和非生命之间找到一条清晰的界线。相比之下,我更支持根据"复制的复杂性"水平做出定量分析的观点。生命的复杂程度要比盐等单晶体高得多,比火等随机出现的复杂结构更有规律。为了保持其高度复杂的活性状态,生命系统需要"感觉活着"。也就是说,生命通常使用感官和反应来处理潜在的威胁和机会。对生存的渴望往往是为了繁衍后代。

杰克·绍斯塔克[②]:当然,我们仍不完全了解生命是如何在早期地球上出现的。这是现在我们可以真正深入探讨的问题,也是现代科学最令人着迷的领域之一。人们花费大量

---

① 乔治·丘奇(George Church):美国遗传学家、分子工程师和化学家,因对基因组测序的贡献而广为人知。他联合创办了多家公司,是维斯生物工程研究所(Wyss Institute for Biologically Inspired Engineering)的创始成员。
② 杰克·绍斯塔克(Jack Szostak):哈佛大学遗传学教授,因对遗传学的贡献而多次获奖,包括 2009 年的诺贝尔生理学或医学奖[与伊丽莎白·布莱克本(Elizabeth Blackburn)和卡萝尔·格雷德(Carol W. Greider)共享]。

时间来定义生命，但效果似乎并不显著。我们不需要为了研究生命的起源而精确定义生命，我们需要找出一条从早期地球开始出现化学反应到更复杂状态，然后过渡到简单的细胞和现代生命体的道路。换句话说，这是一条将最初的化学反应和现代生物学连接起来的道路，它正在填补这条路径上所有的空缺，这也正是问题的趣味性所在。如果你试图简单地划分生命与非生命之间的分界线，你就不会触及真正重要的问题。

每一个生命都有意义吗

玛丽娜·阿布拉莫维奇[①]：我希望每个人在早上醒来时，都能知道自己要做什么。这是我们存在的意义！那么多人迷失方向、服用抗抑郁药和酗酒，往往正是因为他们不想面对这个根本性问题，或者是因为他们没有时间面对这个问题。相比自己直面这个问题，服用抗抑郁药，变得麻木迟钝往往更容易。生命是一个奇迹，是世界给予我们的最美丽的礼物。

---

① 玛丽娜·阿布拉莫维奇（Marina Abramović）：塞尔维亚表演艺术家，她的作品以突破身体极限而闻名。她也是皇家学院的成员。

我们是这个世界的临时访客,我们必须感到高兴。要想快乐,你就必须明白死亡随时可能降临。一旦你接受了这一点,你就会发现每一刻都是宝贵的。

生活中哪里能找到快乐

山姆·尼尔:你知道什么时候快乐,什么时候不快乐,什么时候你的感觉介于两者之间,但我认为快乐是难以捉摸的,尤其是现在。当前新冠肺炎疫情带来的封锁给那些本就饱受生活折磨的人带来了毁灭性的影响。现在社会发展迅速,这种影响对人是非常残酷的。我们今天所做的一切都将在下周过时。在这个黑暗时期,很难寻找到快乐。

怎样才能战胜恐惧

贝尔·格里尔斯[①]:时间、经验和一连串的求生经历告诉

[①] 贝尔·格里尔斯(Bear Grylls):曾是英国特种空降部队的军人,现在是一名野外生存专家、畅销书作者和电视节目主持人。

我，克服恐惧的最好方法不是逃避，而是直面它，向死而生，这样恐惧通常会减弱。而当我们拒绝面对困难时，对困难的恐惧往往会升级，这具有讽刺意味。我们都会感到恐惧，这是我们人性的一部分。但我想看看恐惧是如何让我变得敏锐的，而不是吓倒我。我试着用恐惧来保持感官的警觉并做好准备。在大冒险之前，恐惧总会出现，我想我已经慢慢习惯了。但作为一个团队，我们永远不会自满。坦率地面对这些恐惧是一件好事，就像我跳伞时的遭遇一样。自从发生自由降落的事故后，我发现很难再做到无所畏惧，但这是我工作的重要部分。在跳伞前，如果有一名机舱人员的手放在我的肩膀上，这种支持和鼓励对我总是很有帮助的。

你对人类的未来有什么担忧和希望

尤瓦尔·诺亚·哈拉里：坦率地说，我认为未来人类将利用技术把自己升级为"神"。我的意思很直白，这不是比喻。人类将获得传统观念上神才具有的能力，人类可能很快就能够随意地设计和创造生物，在他们的头脑中下达指令直接影响现实，从根本上延长他们的寿命，以及按照意愿改变自己的身体和思想。纵观历史，曾经发生过许多经济、社会和政治革命，但人类本身一直保持不变，人类的身心仍然与罗马帝国或古埃及时的祖先相同。然而在未来几十年里，人类将经历一场史无前例的、彻底的革命。不仅社会和经济会变化，人类的身体和思想也将通过基因工程、纳米技术和人机交互得到改变。

身心变化将是21世纪经济的主要产物。展望未来，我们通常会想到这样一个世界：人类在每个重要方面都能享受更好的技术，包括激光炮、智能机器人和以光速飞行的宇宙飞船。然而，未来技术革命的潜力在于改变人的自身，改变人的身体和思维，而不仅仅是车辆和武器。未来最令人惊叹的不是宇宙飞船，而是生命的飞跃。

我很难将自己的身份认同与宗教割裂开来，尽管我并不是一个遵循特定教义的教徒。我相信事物的相互关联性，并以科学为出发点，在解释一切不可思议的现象时找到了奇妙的感觉。尽管如此，我确实经常发现自己和许多人一样，对上帝的概念和其灵性感到疑惑。

宗教和科学是如何在社会中出现的

贾斯汀·巴雷特[①]：这个难题有无数不同的答案，我们至今没有令人信服的证据来支持其中任何一个，让其显得比其他答案更有说服力。理论的导向和证据的统计口径，都对确定答案有所影响。有些人断言，在大约10万年前的人类中就有象征宗教行为的证据，比如南非的布隆伯斯洞穴。

将象征主义与对更高权力和超自然的信仰联系起来有点牵强。有实际的证据表明，10万年前的智人具有认知能力，似乎能够进行和宗教思想有关的至关重要的思考，但他们是否已参与宗教是另一回事。快进到大约3.5万年前，我们看到精心制作的洞穴壁画中开始出现对人类萨满和动物的描绘，许多人断言这些与超自然的思想是一致的，对此我持怀疑态度。有人可能会争辩说，这是对来世的一种信仰。也许我们对证据的解读是错误的，也许我们应该看看我们的祖先是什么时候拥有正确的归纳能力的，这种能力意味着，在正常条

[①] 贾斯汀·巴雷特（Justin Barrett）：美国实验心理学家兼作家、特里芬人类发展中心（Thrive Center for Human Development）主任。

件下，它似乎会使人们转向宗教思想。

灵性在生活中发挥了什么作用

萨古鲁："灵性"这个词在宗教中非常普遍。灵性是指生活中超越身体的体验，现在你所经历的一切都发生在你身上，因为你可以通过感官看到、听到、闻到、尝到和触摸到。可一个人无法看到或听到，也不能品尝、触摸或闻到非物理存在的东西。你对整个世界的体验在本质上只是在物质层面上的。你可能会问："思想和情绪呢？"它们在某种意义上也是有形的，它们在人的大脑中出现的方式与在胃里消化的方式类似。

你体内的所有物质都是来自地球的积累，这是随着时间形成的东西。当你出生时，你并非现在的你。你慢慢让身体成长，在这一过程中积累的变化可以看作是你的，但你不能说那就是你。那你是什么呢？现在 iPhone 手机被认为比眼睛有用得多。对于很多人来说，他们最聪明的地方就是他们有手机。如果你有一部手机，你对它了解得越多，你就会将它利用得越好。那么，如果对待 iPhone 是这样，那为什么我们不以同样的方式看待灵性呢？灵性就是从起源到终结，可以让你完整地了解生命的全过程。

贝尔·格里尔斯：对我来说，我经历了大量的人生起伏和冒险活动，基督教信仰一直是我的精神支柱。这是生活中真正引导我的力量，能让我平静下来，引领我回家，在我疲惫的时候让我变得坚强。

我们有时认为科学和宗教是对立的两面，但对此我不能完全认同。因为最终，二者都指向了同样的人类基本需求，即更好地了解我们是谁，以及我们在宇宙中的位置。后一个问题在过去一个世纪里已经牢牢地被固定到科学领域，我们越是了解宇宙，我们就对其越是敬畏。不仅对太阳系以外几乎无法想象的太空怀有敬畏之心，对那些共同引发大爆炸和宇宙中生命的事件也应如此。在21世纪，解决这些重大问题的是最激动人心但极其复杂的研究领域——量子力学，它在原子和亚原子的维度上研究生命。这是迄今为止我们所拥有的最接近万物运作模式的理论。为了了解更多信息，我与世界上最重要的三位物理学家和科学传播者进行了交谈。

量子力学有助于理解生命的基本原理吗

肖恩·卡罗尔[①]：我们对生命的起源知之甚少。实际上，我们对量子力学的了解比对生命起源的了解还要多一些！生命是一种极其复杂的持续化学反应，它需要从某个地方开始。当合适的条件出现时，生命会自动出现吗？还是生命需要一些小概率发生的契机才能触发？这种情况会持续下去吗？我们都还不知道。可能生命起源于一个看似不可能发生的事件，它的存在与量子波动有关。我们知道生命依赖于化学，而化学依赖于量子力学。生物学中有一些非常具体的特征，它们的出现似乎也依赖于量子力学现象，光合作用、人类的嗅觉都是非常明显的例子。有些人认为我们大脑中神经元之间的连接在某种程度上也依赖于量子力学。这是一个前沿问题，我们对其还不了解，生命很难用经典理论来解释。

---

① 肖恩·卡罗尔（Sean Carroll）：美国加州理工学院沃尔特·伯克理论物理研究所的理论物理学家和研究教授。

量子力学有其哲学意义吗

吉姆·阿尔-哈里里[①]：量子力学的奠基人都曾在哲学中徜徉，那些不同的哲学流派将量子力学带向了不同的方向。在科学史中，我们将其归结为爱因斯坦和玻尔两大对立阵营之间的争论。爱因斯坦相信存在一种物理现实，一种物理学试图解释的客观现实。尼尔斯·玻尔受到一种被称为实证主义的思想流派的影响，该学派认为如果你不能就选择的观点达成一致，你最好放弃这种观点。这是实用主义、工具主义的观点。玻尔认为从本质上说，对科学和知识的探索是一种认识论，而不是本体论。因此，物理学的工作不是按原样描述世界，而是给出一种方式，让我们可以表达对世界的看法。量子力学提出的问题或许比科学界的其他任何领域都要多。它是否反映了我们应该知道但难以触及的东西？还是反映了世界的本来面目？对此还没有定论。

[①] 吉姆·阿尔-哈里里（Jim Al-Khalili）：理论物理学家、畅销书作家、播客、萨里大学杰出教授。自 2005 年以来，他在萨里大学担任物理学教授以及科学传播与公众参与学教授。

肖恩·卡罗尔：从事量子力学基础工作的许多最优秀、最有影响力的学者都拥有物理学博士学位，但现在受聘担任哲学教授，这种转变是有充分理由的。哲学家的思维模式非常适合回答量子理论提出的问题。如果你认真对待量子理论，就会提出很多哲学问题。这些问题是什么，以及这些问题的含义是什么，都取决于你所偏爱的那种量子理论，比如多世界理论不仅会带来不同的方程式和定量预测，还会改变我们所说的个人身份。如果相信多世界理论对这个问题的诠释，那么在宇宙的分支中，每时每刻都会有成千上万个我，成千上万个来自过去同一个自我的人。但那些不同的人和我不一样，他们是不同的人，生活在不同的宇宙中，虽然有着过去共同的身份。在经典理论世界中，有一种观念认为，你的个人身份从你出生的那一刻起，到你死亡的那一刻为止，一直处于一种独特的状态。我们做过实验，证明了量子力学所说的宇宙分化正在发生。这并不是无法衡量或无法理解的，而是需要改变视角。

卡洛·罗威利[①]：量子理论的哲学意义非常广泛。量子理论表明，17 世纪机械哲学的朴素唯物主义是错误的。换句话说，现实世界不是每时每刻都具有明确属性的物质实体。我认为量子理论真正想表达的是，所有实体的特性都只是在相互作用时，以及与它们发生相互作用的其他实体相关时才能被明确定义。也就是说，现实并非具有某一特性的对象的集合，而是一个具有交互作用和相关信息的网络。地球上的生命具有非凡的多样性，但遗传学帮助揭示了生命的共同起源。

现在已知道，我们有约 98% 的基因与黑猩猩相同，有约 90% 的基因和家猫一样，同老鼠共享大约 85% 的基因。而且有趣的是，我们与香蕉有 60% 左右的遗传相似性。了解我们在广阔的宇宙中的无足轻重虽会令人谦卑，但在任何关于"我们是谁"的讨论中，当我们考虑自己的存在时，想想与地球上其他物种的共同点也是一件很有趣的事。

[①] 卡洛·罗威利（Carlo Rovelli）：理论物理学家，著有国际畅销书《七堂极简物理课》(*Seven Brief Lessons on Physics*)、《现实不似你所见》(*Reality is Not What it Seems*) 和《时间的秩序》(*The Order of Time*)，这些书已被翻译成 41 种语言。

其他物种会感受到意识吗

卡尔·萨芬纳[①]：意识是对某种东西的情感。如果你能感觉到任何事情，那就是意识！当你接受全身麻醉，或被彻底击倒并且不省人事时，你就失去了意识。那些眼睛能看、耳朵能听、鼻子能闻、皮肤能感觉的动物是否有意识，它们是否会感到困惑，这依然是一个没有答案的问题。当我谈论意识时，我的意思是你能注意到这件事。有些人认为意识即规划未来的能力，以及诸如此类的能力——那不是意识，那是我们可以学会做的事情，我们有能力这样做。

对黑猩猩和类人猿的研究如何改变了你对人类的看法

珍·古道尔[②]：路易斯·利基希望我去研究黑猩猩，因为

[①] 卡尔·萨芬纳（Carl Safina）：生态学家、麦克阿瑟基金会天才奖获奖作家、萨芬纳中心创始主席。
[②] 珍·古道尔（Jane Goodall）：英国科学家和环境保护主义者，被认为是世界上最重要的研究黑猩猩的专家，她因人道主义和环境保护工作获得了许多荣誉。

他相信 600 万年前我们有一个共同祖先。他对石器时代的人和他们的骨骼、使用的工具等感兴趣,而不是被他们的行为吸引。他认为,如果人类和黑猩猩今天表现出类似的行为,那么或许在共同祖先以及石器时代的男性和女性身上也会有同样的行为。从我的角度去看,我震惊地发现黑猩猩是残忍和暴力的,甚至相互间经常发生打斗。我原本以为它们虽然和我们类似,但会更友善。由于我们在某些情况下有这种暴力倾向,我们会发现,在我们人类的长期进化过程中,暴力这种特点一直伴随着我们。暴力活动,至少是有一些暴力倾向的活动,可能源自基因。不必对人类行为进行太多思考就能意识到我们其实是一个非常暴力的物种。我们和黑猩猩之间的差异并不明显,我们与黑猩猩的 DNA 至少有 98% 相同,这是一条模糊的界线。

我们是进化链条上的一部分,而且并不是地球上唯一有个性、有头脑、有想法和有感情的生物。可以看一下我们和黑猩猩是多么相似,都会亲吻、拥抱、握手、拍背,也都有家庭纽带和战争。但与此同时,我们和黑猩猩是不一样的,这是为什么?我们和黑猩猩的确有一些类似之处,但一大差异在于我们能站立观察。在我看来,我们能用语言进行复杂的沟通是关键的区别。

对人类学的研究告诉我们,艺术出现在语言之前,这是有道理的。我们是一个具有表现力的物种,我们不仅希望通过书面或口头语言进行交流,还希望通过音乐、雕塑、绘画和文学产生的多种艺术形式进行交流。我们与艺术有一种特殊的联系,它帮助我们表达出以其他形式无法表达的感情。我在生活中就遇到过这种情况。我曾经历过一段极度抑郁的时期,那时是艺术,尤其是诗歌和摄影,帮助我理解这个世界,也在我感到自己无法与外人沟通时,帮助我表达出自己的思想。我在下一章中会更深入地探索艺术,我从与一些世界顶尖艺术家的对话中发现,艺术存在的原因既与我们表达自我认同思想的方式有关,也与和他人建立联系有关。

艺术为什么会存在

安东尼·葛姆雷[①]:艺术是对生活的一种表达,这是所有文化和所有大陆上的人都在参与的事。创造力是内在的,当

---

① 安东尼·葛姆雷(Antony Gormley):英国著名雕塑家和艺术家,1994年因《不列颠诸岛之域》(*Field for the British Isles*)获得特纳奖。他还是《北方天使》(*Angel of the North*)、《别处》(*Another Place*)和《量子云》(*Quantum Cloud*)等作品的创作者。

我们在讲故事时，就是在分享一种体验，并将其作为一种礼物赠予交谈对象。在诉说和分享中，体验发生了变化，这就是艺术的模式。视觉艺术不像唱歌、演说和跳舞那样具有内在性，而是需要理解发生在我们身上的事情，并将其进一步延伸和集中。对抽象地表达时间和空间的需要，以及对生命的阐释，是从来没有改变过的。艺术不是奢侈品，不是交换的对象，不是职业或事业，它是人固有的思想表达方式。艺术是一个开放的空间，将希望和恐惧、未来和过去汇聚在一起；在艺术的世界里，个人的体验将变成集体的经历。

玛丽娜·阿布拉莫维奇：穴居人在深山的洞穴中作画的原因很有趣。人类最开始的作品就富有表现力，创造的欲望存在于我们的DNA中。数以亿计的人的生活中看起来没有艺术，但我相信其实艺术是社会的氧气，是无处不在的。好的艺术有很多层次的含义。它可以预测未来，可以提出正确的问题，尽管它可能不会回答它们；它可以令人不安，可以打开你的意识并真正振奋你的精神。好的艺术是能量的源泉，是美丽的，人们需要彼此分享这种美。生活如此灰暗，而艺术则赋予别样的亮丽。如果艺术家与神学的力量联系起来，那么精神元素可以创造出巨大的力量。作为艺术家，我将观众视为动力，没有观众我就难以完成工作。我在创作时甚至不去想结果和可能性。我们现在很迷茫，我们已经失去了精神中心。仅仅欣赏艺术是不够的，我们必须成为其中一部分。

安尼施·卡普尔：要是没有艺术，我们怎么生存下去？作为一个物种，我们在害怕和恐惧中可以抛弃一些东西，但从根本上艺术不会消失。艺术或许是一种分享恐惧、理解他人恐惧和了解某种基本人性的手段，是我们理解生命微不足道的方式。与数十万年甚至数百万年相比，一百年只是弹指一挥间，这样一来，艺术可能比生活本身更重要。艺术敢于提出诸如"什么是意识"之类的问题，在这方面科学似乎并没有做多少，它只对这种奇怪的现象进行机械性的解释。艺术却可以对类似的其他基本问题进行推测，并给出非线性、诗意的答案。

什么是审美

菲利普·斯塔克[①]：审美没什么大不了的。首先，美是不

[①] 菲利普·斯塔克（Philippe Starck）：法国设计师、建筑师和发明家。他是包括室内设计、家具、游艇和酒店在内的超过 1 万余种作品的设计方。

存在的。这只是下午 2 点 39 分的看法。比如在今天的伦敦，我可能不尊重"美"这个词，因为它太易变了，这意味着它什么都不是。无论你喜欢什么，你对什么是美的看法随时会有改变。如今，这种改变助长了虚荣心、玩世不恭、市场营销、商业、广告等。美无疑正变得贪婪，成为一种商业运作模式，并且给一些人购买越来越没用的东西提供虚假的理由。这就是为什么我不能接受现在的美。对我来说，美是一个过时的词，它显然是从资产阶级时代开始的一种表达方式。我更愿意谈论一致性、和谐和平衡。有时候你看到一个地方、一幅画、一个行动、一个项目、一个孩子、一只猫等随便一种东西，可能会产生一种非常强烈的感觉，这是非常情绪化的感觉。对我来说，我一生中有过这种感觉的次数不到五次，但有时就在一秒钟或更短的时间内，你会感受到这种情绪，然后说"就是如此"。这是因为光线很完美、温度、视角、视野和其他数百个参数让这一物体得到了平衡。有些人称之为美，我们可以称之为和谐。

即使我们活到 90 岁高龄，生命中有 1/4 到 1/3 的时间也应被用于接受教育。因为我们的世界、我们的社会、我们的经济和文化都非常复杂，想要对这些有所认识，我们就需要大量的学习。在我们生命中的大部分时期，我们都在接受某种形式的教育。也许不可避免的是，这种教育将对我们长大后形成的身份认同产生深远的影响。我知道自己的世界观和兴趣受到了学校老师的启发，但只需粗略阅读一些自传类书籍，就会发现对其他许多人来说也是如此。

为什么人类无法充分发挥潜力

迪帕克·乔普拉[①]：大多数人都生活在社会规范下的被催眠状态中，这意味着他们不会质疑自己现实中的日常生活，而是趋于顺从。社会规范反映出我们接受教育的方式，当今世界是信息超载的社会，我们不要忘记教育这个词意味着培育、支持和培养已经存在于大脑中的东西。教育可以激发洞察力、创造力、惊奇感、好奇心和更高意识状态的潜力，这些潜力存在于每个刚出生的孩子身上，但社会规范将逐渐掩盖并压制这一点，促使人们顺从。

---

① 迪帕克·乔普拉（Deepak Chopra）：印度籍畅销书作家、替代医学倡导者、乔普拉基金会创始人、加利福尼亚大学圣迭戈分校家庭医学和公共卫生学临床教授。

教育在社会中的作用是什么

肯·罗宾逊[①]：教育在社会中的四个方面发挥着关键作用，每个作用都是相互关联的。首先，教育服务于经济目的，这一点常常存在争议。在教育哲学史上，人们对于教育是否应该具有外在目的，或者是否具有对卓越追求的内在驱动，存在很多论述和争论。然而，在各个层面上，人们确实都认为，接受教育会给自己带来经济方面的优势，如果孩子能上学并取得好成绩，之后在经济上的处境会比没有受过教育的人更好。这就是政府在教育上投入大量资金的原因之一，因为政府认为受过良好教育的国民将更有能力为经济繁荣做出贡献。当然，最大的问题是要知道如今我们需要什么样的教育来满足经济需求。

其次，教育具有重要的文化作用。我们教育人，尤其是教育年轻人的原因之一是让他们了解我们这个社会的文化价

[①] 肯·罗宾逊（Ken Robinson）：《纽约时报》畅销书作家、教育和创新专家。他的 TED 演讲观看量超过 8 000 万次，他的"学校如何杀死创造力"演讲是有史以来最受关注的 TED 演讲。

值观、传统和思维方式。这就是为什么在课程内容上出现激烈竞争的原因之一。每当人们试图创造标准不统一的课程时，就会迅速引发一场激烈的讨论。

再次，教育发挥着重要的社会作用。我们期待教育能帮助学生了解这个社会是如何运转的，以及他们如何在其中发挥作用。尤其是在民主社会中，正如约翰·杜威曾经说过的："每一代人都必须重新发现民主。"

教育发挥作用的最后一个领域是在个人方面。教育的目的应该是帮助人们发现他们的才华、人生目标、情感、兴趣，并使他们能够过上一种目标明确、有成就感的生活。在美国，存在着孩子无法完成高中学业的问题。我不愿使用"辍学"这个词，因为这显示出孩子在教育体系中的失败，而事实上情况往往相反，他们是被动脱离教育体系的。一旦我们把教育当作一个非个人化的过程、一个机械和数据驱动的过程，一旦我们忽视了我们在与活生生、有呼吸的人打交道这个事实，那么教育就不再具有价值。

当猫深邃地凝视某物时，也许表明它确实感受到了生存危机，但我们人类很可能是地球上唯一能敏锐地感受到我们自己以及我们的朋友、至亲和其他物种的死亡的物种。因此，我们很容易将自己的生命视为徒劳无益的事情，但我们却把太多本就有限的时间，用在寻找生命的意义这种崇高的追求上。我们是寻求生存意义的动物，我们需要一些东西来帮助我们理解生命，理解我们是谁，我们为什么在这里。从最广泛的意义上说，这也许就是为什么我们把艺术、宗教和科学作为一种探索方式，以了解我们周围的世界。我们也用艺术这种方式来更好地了解我们自己以及我们在世界上的地位。毕竟，离开大的背景，身份是没有意义的。

我们的很多语言都是围绕社会的延续、功能性需求而发展起来的，而艺术走的是另一条路。正如安尼施·卡普尔和安东尼·葛姆雷向我解释的那样，艺术是一个可以推测、探索和产生非线性答案的空间。正是这种难以描述的感觉，让我们每个人都偶尔会被一件艺术品、一段音乐甚至大自然中的某种事物激发出深刻的情感。这是我们固有的内在能力——我们是一个能讲故事的物种。我们在地球上的最早的活动证据表明，我们会把经验作为祭品或礼物分享给彼此。这种认知能力赋予我们一种超越其他生物的自由，还有一种超越我们自身的优越感。正如尤瓦尔·诺亚·哈拉里所说，情况并非一直如此。直到农业革命之后，我们才开始认为自己与其他动物有着本质的不同。这种差别在工业时代再次体现出来，人们经历了种族隔离并以权力和财富分出高下，以此证明统治和剥削是合理的。

然而，不管你喜不喜欢，我们仍然是动物。我们的偏见和特性是我们本质的一部分，是在数万年的历史中发展起来的，代代相传，在一个没有我们今天的社交互动、技术和能力水平的世界中不断得到优化。正因如此，我们需要不断学习和重温"我们是谁"。这也提出了一个问题：是猫的生活还是我们的生活会更胜一筹？猫凝视窗外等待下一只鸟飞过去；我凝视窗外想知道为什么生命会如此重要。不管怎样，我们都会死亡。最好的状态也许是处于中间地带：我们在享受身体、精神、智力和文化生活的体验的同时，也意识到我们只是这个美丽世界的匆匆过客。

02 文化：人性的内涵

有些东西促使我们展示内心的灵魂。我们越是勇敢，就越能成功地解释我们所知道的事情。

——马娅·安杰卢

把人类从文化中剥离出来是不可能的，因为正是文化塑造了我们生活的环境。画家尼古拉斯·普桑（Nicholas Poussin）在1658年的画作《失明的俄里翁寻找升起的太阳》（*Blind Orion Searching for the Rising Sun*）中，描绘了失明的巨人俄里翁（Orion）正被他的仆人塞达利翁（Cedalion）引向有治愈效果的阳光。塞达利翁站在俄里翁的肩膀上，引导着俄里翁前行。这个隐喻很好地解释了文化如何在我们生活中发挥作用。我们是像塞达利翁那样的一代人，之所以能看得更远，是因为站在了像俄里翁般的前人的肩上。我们从前人那里继承了历史，在此基础上继续前进。

文化不是某种东西，它包罗万象，包括每一张自拍、每一则推文、每一条短视频、每一幅画、每一个雕塑、每一首歌，以及每一篇小说、文章、博文等。作为社会的一分子，我们所做的一切都有深意，一种超越功能性的审美使我们的行为具有时代性和目的性。我们的文化艺术品是一个故事中的组成部分，这个故事讲述的是我们是谁。

约翰·伯格（John Berger）在他1972年出版的著作《观看之道》（*Ways of Seeing*）中完美地总结道："文字将确立我们在世界中的地位，我们用文字解释这个世界……但是语言永远无法消除我们被它包围的事实。我们所看到的与所知道的两者之间的关系从来都不是固定的。"对某种"事物"的识别和理解意义是不同的，而且会随着时间的推移而改变。比如在中世纪，人们认为地狱是确实存在的，现实世界中的火焰成为地狱的象征。这种理解将地狱视为一种消耗一切、燃烧和痛苦的现象。如果没有实体的参照，地狱和其所承载内容的重要性就会小得多。换句话说，仅仅给地狱贴上个不好的标签是远远不够的。要想理解地狱，我们需要视觉、隐喻等多种信息，这样我们就能暂时凭借经验，让其融入现实。

长大后，我随家人每年都会去印度。不仅是为了看望亲戚，也是为了旅行，所以我们经常会去印度一些偏远的地方，在那里，年幼的我被带入一个与在曼彻斯特郊区的家截然不同的世界。印度人的生活中充满了艺术和比喻，人们不仅会用词汇来描绘事物，还会用故事、图片、舞蹈、食物和一切可以利用的工具创造性地进行讲述。这样的讲述能发出更大的声音，就像暴风雨中的海面波涛汹涌，但当你沉浸其中，会发现在水下也能与风雨融为一体。也许是因为我在很小的时候就受到了深厚的文化熏陶，所以我毕生都在寻找答案，我在通过自己的创意渠道（摄影和诗歌）来做这件事时，也会尽可能多地消费文化产品。

我们是一个会讲故事的物种，我们共同的故事是不断演变的集体认同的一部分。在本章中，我与一些了不起的小说家进行了交谈，其中包括伟大的作家马娅·安杰卢、艾丽芙·沙法克和扬·马特尔，他们向我讲述了那些影响了我们的故事。当然，故事的形式多种多样，为了便于理解，本章还加入了另外一些采访，采访对象包括诗人莱姆·西赛、诗人乔治、安德鲁·莫顿爵士、艺术家翠西·艾敏、厨师赫斯顿·布鲁门塔尔、音乐人黑思（Black Thought）、莫比、郎朗和汉斯·季默、制片人肯·洛奇和保罗·格林格拉斯,以及20世纪最具代表性的两位摄影师大卫·巴利和兰金。他们的回答让我着迷,因为他们生动描绘了人类最复杂的现象:文化。

讲故事在人类文化中的作用是什么

艾德·卡特姆①:讲故事是我们相互沟通、相互倾诉的基本方式。在孩子小时候,大人做得最多的事情之一就是把孩子放在腿上,给他们讲故事,或者给他们读一本书。在这个过程中你不仅在讲故事,而且还与孩子建立了一种情感纽带。作为孩子,你会去学校接受另一种形式的讲故事,在那里你会被告知我们的过去、历史和文化,故事里有总统、国王、革命者和英雄。不管那些故事是什么,它们都是对已经发生过的事情的简要概括。我们永远无法再次经历过去的事情,唯一留下的就是故事。讲故事的艺术在于弄清楚如何抓住本质,告诉别人发生了什么,会带来什么重要意义,因为他们自己无法亲身经历这一切。

---

① 艾德·卡特姆(Ed Catmull):美国计算机科学家、皮克斯动画制片公司(Pixar)联合创始人兼沃尔特迪士尼动画制片公司(Walt Disney Animation Studios)总裁。

马娅·安杰卢①：我们用讲故事的方式来鼓励下一代学习，让他们不必重蹈覆辙，比如能给人启示的《伊索寓言》之类的民间故事。讲故事的目的是传递信息，下一代人可以根据从故事里学到的知识，避免重复我们犯过的错误，避免失误或被人愚弄。

扬·马特尔②：故事是把我们聚合在一起的黏合剂。没有故事——个人的、家庭的、地方的、国家的、世界的——我们就什么都不是。我们是一群孤独的动物，小心翼翼地行走在这个世界上，不知道要去哪里或者为什么行走。故事定义了我们，告诉我们自己是谁，指引我们前进的方向。

为什么要写作

马娅·安杰卢：我们写作的理由与我们散步、交谈、爬

---

① 马娅·安杰卢（Maya Angelou）：美国诗人、作家和民权活动家。她最出名的是从《我知道笼中鸟为何歌唱》（*I Know Why the Caged Bird Sings*）开始的七部自传系列作品。
② 扬·马特尔（Yann Martel）：出生于西班牙的加拿大作家，著有《少年派的奇幻漂流》（*Life of Pi*）一书，该书在全球已售出1 200万册，被翻拍成的影片获得了奥斯卡奖。

山或游泳的理由相同：因为我们能够这样做。我们内心有一种冲动，使我们想向其他人表达自己。这就是为什么我们要画画，为什么我们敢于爱某人——因为我们有解释我们是谁的冲动。这与我们的高矮胖瘦无关，因为我们是有内涵、有精神需求的人。有些东西促使我们展示内心的诉求。我们越勇敢，就越能成功地解释自己想要表达的内容。当一位诗人写下的诗句可以立即被从黑人到白人、从老人到年轻人传诵时，或者当一位富人写下的诗句可以被穷人理解时，它就是成功的写作。

诗人乔治[①]：我们的声音中有一种神奇的东西，我们称之为语言。语言承载着人类独有的情感。虽然我们在养狗方面积累了千百年的经验，但我们仍然不知道狗吠在表达什么意思。因为那些声音与我们没有特别的相关性。我们的语言代代相传，其中蕴含着人类丰富的经验，以至于当这些语言被刻意组织起来时，能够表达出有影响力的情感。这是我们最接近魔法的本领。

---

① 诗人乔治（George the Poet）：别名"英伦才子"。英国语言艺术家、诗人、说唱歌手和知名的播客主持人。

扬·马特尔：我写作是因为写作能以一种创造性的方式穿越时间。我通常会对白天的时间进行规划，在写作和做其他事情之间做选择时，我更愿意把时间花在写作上。写作的美妙之处在于它有《李尔王》的影子：大风起于青萍之末。某处地方过去什么也没有，现在出现了一个故事，写出这个故事就像建造一座大教堂，是一个缓慢而深思熟虑的过程。从最初的创意开始进行研究，研究带来进一步的想法，想法和研究会衍生出大量的笔记，这些笔记组成了故事的结构和框架。然后是写作和修改，直到故事最终出现。这个故事就像小溪般自然流淌而出，不必经过孜孜以求的构思创作。产生灵感，付诸实践，得到令人满意的结果——至于为什么要用这种深入的方式写作，我认为这与我们对生命意义的追求有关。动物不会试图理解它们为什么会存在，但人类会这样做。故事，包括艺术，是找到存在意义的最佳方式。顺便说一句，这也是为什么宗教总是通过故事来讲道理。

诗歌在社会变革中起到什么作用

玛娅·安杰卢：这是个很有意思的话题，让我想到了美国独立战争中的一件事。那时的士兵们普遍吃得不好，衣着褴褛，经常受到严寒、潮湿和饥饿的侵袭。当时有一个名叫帕特里克·亨利的爱国者，为了让士兵们保持士气，他写了一些振奋人心又朗朗上口的口号。由于大多数士兵都是文盲，他经常跑前跑后帮助士兵们背诵这些口号。其中一句是："我不知道别人会怎么做，但对我而言，不自由，毋宁死。"他的口号激起了士兵的斗志。在战斗中，他们暂时忘记了自己的苦难。

  书面文字，当它真正能朗朗上口，不需要过多解释的时候，当它可以跨越形式传播的时候，它能展现出强大的力量。不管是浪漫的、爱国的还是其他情感，所有饱含激情的表达都是如此。在某一刻，文字会比预期发挥更大的作用。当我还是个年轻女孩的时候，我会读莎士比亚的十四行诗。我一度认为莎士比亚是一个生活在美国南方的黑人女孩。我年轻时曾遭遇过性虐待，从那时起我就完全将自己封闭了，从7岁直到13岁都是如此。当时，我以为大家都在看着我，看到了有一个人在虐待我，他们认为我喜欢被虐。我读到诗里写着："当我时运乖蹇，遭人白眼，独自悲叹我不容于世的处境"时，觉得这句话与我有关。后来老师们告诉我，莎士比亚是一个白人，一个英国人，他生活在四个世纪之前。我曾以为别人不会理解自己在说什么,没有白人能理解我的感受,但莎士比亚写下的诗句说明并非如此。

安德鲁·莫顿[①]:诗歌给我们的生活带来了变化,但这和法律带来的变化并不相同。诗歌不会让你在开车时系上安全带,诗歌创造出的是一个充满可能性的世界,让我们能站在一些不同的视角观察自己所处的世界。诗歌通过影响我们的思想,最大限度地影响我们的行为。诗歌也可以帮助我们把过去的一些思想具象化。威斯坦·休·奥登曾说:"诗歌不会让任何事情发生。"我理解他的意思。我们可能会把这解读为失望,但这也可能是一种解脱!我们的世界有一种固有的倾向,目的是让一些事情发生。奥登认为20世纪30年代是低俗和不诚实的10年。他的作品深深影响了我们对那个时代的感觉。当我们面对现在和未来时,理解我们的过去并接受它。奥登和其作品实际上是一个非常好的例子,说明将一个时刻具象化能够改变我们的未来。

---

① 安德鲁·莫顿(Andrew Motion):英国诗人、作家和传记作家。他曾在1999年至2009年获得英国桂冠诗人称号,是诗歌档案馆(Poetry Archive)创始人。

莱姆·西赛[①]：在我们开启旅程之前，诗歌已经"骑在马背上飞驰"。诗歌是总结过去的编年史学家，是畅想未来的大胆预言家，它们能代表当下发出的声音。如果你想了解民众的所思所想，就去倾听诗人的心声，欣赏艺术家的风采。我们从诗人和艺术家那里了解到的人类的状况，要多于从其他途径获取的信息。但仅通过诗歌是远远不够的，它必须与诗篇紧密结合起来，否则诗歌就是没有灵魂的、随波逐流的。

诗人乔治：诗歌不会闪烁其词，不表明立场就写不出诗篇。你拥有的是你的语言，而语言必须要产生回响。最有力的诗句会引起普遍的共鸣，人性中真实的一面总会占上风。如果平等是真实存在的，如果爱是确凿无疑的，在诗歌的空间里它们就会脱颖而出。诗歌必须大声念出来并能够被理解，而不是躲藏在音乐、美术或其他任何东西的背后。诗歌的真谛与社会变迁息息相关。

[①] 莱姆·西赛（Lemn Sissay）：诗人，畅销书《我的名字是为什么》（*My Name is Why*）的作者，2019 年获得笔会杰出成就奖。他是 2012 年奥运会的官方诗人，担任过曼彻斯特大学校长。

黑思[①]：诗歌始终在革命、演化和变革中发挥作用。诗歌向来是一种巨大的变革力量，塑造出大量的共性，帮助我们了解我们生活的世界和这个世界上的人。在我们历史上最黑暗的时期，产生了各种类型的最有趣的一些诗歌。在较为艰难和动荡的时刻，诗歌孕育出最好的表现形式。"国家不幸诗家幸"，这是人们发出的相应的呼声。当世事维艰时，人们会更多地审视内在，找到初心，并与之对话。诗歌是一种催化了的叙事方式，其中包含人们的个人故事。通过诗歌，你可以在很深的层面上发现，世界上还有其他人会与你产生共鸣，有人会赞同你做事的方式，你所做的改变也正是有人希望看到的。诗歌就像时间胶囊，它向子孙后代讲述了在一些时代的生活是什么样的。

在需要诗歌之前，我没有意识到诗歌的力量。在学校，诗歌是必须学习和理解的内容，就像要学习解剖一只青蛙，当时诗歌对我来说没有什么真正的意义，我也不理解诗歌。但随着自己慢慢长大，逐渐体会到爱的狂喜、失去的痛苦，以及黑暗的深邃，我意识到诗歌是具有某种力量的。它不仅

[①] 黑思（Black Thought）：美国说唱歌手，他与鼓手奎斯特·拉文（Questlove）共同组建的嘻哈组合"根"（Roots）获得过格莱美奖，他担任该组合的主唱。

仅是一段押韵的文字。对我来说,诗歌就像用文字去绘画,它以某种方式将你深切地、直接地与感情和理解联系在一起,这是无与伦比的。当我经历了十多年的严重抑郁后,诗歌对我变得非常重要。当我发觉自己几乎无法和别人交流自己的经历时,诗歌能帮助我发出声音。所以,诗歌是文化的一部分,让我能贴近自己的内心。

诗歌在文化中的作用是什么

马娅·安杰卢:诗歌是写下的文字,但也是音乐,所以它拥有双倍的力量。书写的文字、散文中也包含音乐的节奏和韵律,但它们并没有像诗歌那样被赋予那么多音乐的要素。如果你在说话的时候听到诗句,你就会被吸引。诗歌有一种能使你沉陷其中的吸引力,这在一定程度上源自诗歌的韵律。人们也越来越意识到,披头士的歌曲、蓝调和灵歌中的歌词都是诗歌。年轻人说:"我不喜欢诗歌。"但他们可能喜欢猫王或雷·查尔斯的作品,那些也是诗歌。

索尔·威廉姆斯①：诗歌与民众之间有距离，这仅在某些社会中成立，在其他地方则不会如此。如果你去爱尔兰，会发现在那里诗歌非常盛行，孩子们能够背诵谢默斯·希尼的诗篇。中东的孩子们可以背诵鲁米的作品。一些地方文化表明，诗歌代表着文化的本质。无论我们在商业或资本混乱的漩涡中漂流了多远，诗歌总会把我们带回家乡。诗歌在和平的空间里传播，但和平并不总是它的诉求。在许多国家，诗人被监禁起来，因为他们有煽动性。他们掌握着打开禁锢之门的钥匙，诗歌能够把事情讲清楚，而且可以帮助我们理解宗教、人类、社会、性别等许多话题。诗歌以简约而深邃的方式讲述了人类共同的故事，为这些故事带来了光明。当你把诗歌认定为文化时，你是在辨别文化的本质。亚历山大·格雷厄姆·贝尔创造留声机之初，为他灌制第一张唱片的是一位诗人。以往美国最常见的消遣是大家饭后聚在一起，围坐在收音机前背诵诗歌。最早的一批录音是诗人的作品，想想诗歌对我们的生活有多重要。

---

① 索尔·威廉姆斯（Saul Williams）：美国说唱歌手、音乐家，擅长诗歌与嘻哈音乐的融合。他也当过演员，曾出演 1998 年独立电影《大满贯》（*Slam*）和 2013 年的音乐剧《假如你听到我的话》（*Holler If Ya Hear Me*）。

诗人在文化中扮演什么角色

莱姆·西赛：诗歌是革命的核心，革命在诗人的心中。诗人在文化中扮演什么角色？我不确定诗人该不该回答这个问题。虽然我见过有诗人为总统读书，也曾读过报纸上的诗歌；我看见有诗歌在称颂拳击手和美容师；我在深浩室音乐中见识过古典音乐和诗歌，也在朋克摇滚中见过诗歌；我还在图表中发现过诗歌。英国国家剧院在水星音乐奖的提名名单中就有诗人，歌手阿黛尔最初是一位诗人，歌手艾米·怀恩豪斯一开始也是诗人。我不是那种试图努力寻找古老传统和现代之间的联系的人。只要仔细研究一下，用你有天赋的眼睛观察一下就会发现，现在诗歌比以往任何时候都更受欢迎。这种说法让人吃惊吧？但这是事实。诗歌是诗人的作品，在文化中发挥着独一无二的作用。我希望有更多的人创作诗篇，我希望能有更多的人将他们广阔的想象空间描述出来。诗人必须通过诗篇来表达自己，这是证明自己活着的一种方式。文化评论家们接二连三地肯定诗歌的作用，对其评价一再拔高。唯一的共识是诗人是诗篇的创造者，这已足够。除非我像爱丽丝梦游仙境那样被引诱掉进一个兔子洞里，否则我不想限制诗歌的作用。

是什么让一件作品真正伟大

马娅·安杰卢：真实。它要么说明真相，否则就没有多大用处。无论是托尔斯泰的作品，还是杰梅因·格里尔、托妮·莫里森、兰斯顿·休斯的作品，或是孔子的作品，都揭示了真相，讲述了真实的人性。看到这些作品，坐在佐治亚州萨凡纳的门廊上的白人老人、旧金山的亚洲女性或者堪萨斯州的牧场主都会说："事实就是这样。"自传是一种自我的描绘。几年前，纽约的一位编辑问我是否考虑过写一本自传。我说："不，我是一名剧作家和诗人。"他说："好吧，你也别尝试。你是不可能写好自传的。"詹姆斯·鲍德温是我亲如手足般的密友，我知道那名编辑曾对詹姆斯说："马娅·安杰卢不肯写些东西，我不知道该怎么办。"而詹姆斯回答说："如果你想让马娅做点什么，就要反其道行之，不让她这么干。"50年后，他仍然对此不承认。

扬·马特尔：一部伟大的作品就像一个行李箱，各个年龄段的人都能打开，并受其影响。以《伊利亚特》为例，尽管它已经被传诵了将近3 000年，但现在读来仍然让我们感动。因为史诗中角色陷入的困境、人物情绪的波动以及变幻莫测的神给他们带来的任何痛苦悲剧，都牵动着读者的神经。行李箱般的作品里不会仅仅容纳一种情感。当然，至关重要的是，如果我们对一部作品没有感觉，我们就不会陷入其中。作品要对人产生影响还需要更深入一层。一部伟大的作品必须闪烁着智慧的光芒，必须能改变人们的想法。情感上的冲动和知识上的洞察力，这两方面以一种绝妙的方式结合在一起，使文字能够穿越时间，永葆青春。

文字如何与其他文化形式并存

马娅·安杰卢：文字是文化的基础，也是文化的脊柱。文化的四肢和躯干附着于脊柱上，依赖于脊柱。没有文字，将难以交流。我近来看到令人悲伤的一件事是，有些年轻人没有信仰或对未来没有信心。看到有些人从一无所知变成不相信任何东西，这是非常可悲的。当人们向别人解释自己的想法时说不了几句话，就把自己的言语减少到"是""嗯""哇"等有限词汇时，是非常可悲的。那样的话，你就难以解释现实的美妙，也难以解释人类思维的微妙。

扬·马特尔：我们是语言动物。我们在每一次交流中都会用到文字。并不是说沉默和动作没有作用，但文字更加重要，它们使我们成为人。几乎所有人类活动都会用到文字，我们所做的每一件事，都能转变为如歌的语言。我们能在做爱的时候说话，在战斗的时候说话，也能在跳舞的时候说话。据我所知，没有哪种艺术形式在构思时不使用文字。例如，视觉艺术和舞美在最终的作品呈现中可能用不到文字，但在之前的准备中却离不开文字，无论是说还是写。因此，就回答你的问题而言，文字可以与其他形式的文化很好地结合在一起。

小说和故事里的情节能改变关于性别、性取向和种族等根深蒂固的叙事方式吗

艾丽芙·沙法克：多年来，每部新小说出版后我都会遇到具有不同背景的读者。比如在土耳其，当看到前来参加签

售会排队等待签名的人时，我会注意到他们身份上的不同。他们中有左派、自由主义者、世俗主义者、女权主义者，还有苏菲派信徒和神秘主义者，也有戴着头巾的保守派人士和宗教女性。排队的人中有库尔德人、土耳其人、亚美尼亚人、希腊人、犹太人、阿拉维人。在一个被列为精神贫民窟和文化孤岛的国家，文学向各种身份的人敞开大门。对我来说，这非常重要。在土耳其，我的许多读者都有排外心理，他们就是在这种环境中成长的。因此，如果你问他们对少数族群的看法，他们很可能会说出一些偏颇的话。同样，我的许多读者都是恐同者，因为他们从小就接触这样的观念。但后来，有些人过来对我说："我读过你的小说，书里有我最喜欢的角色。"他们所指的小说中的人物也许是亚美尼亚人、希腊人、犹太人、同性恋、双性恋或变性人。我反复思考了这种相互矛盾的说法。在公开发表意见时那么有偏见、那么不懂得宽容的人，怎么可能在独自发声时，会变得如此开明呢？我不认为这是巧合。

文字在青年文化中发挥什么作用

马娅·安杰卢：我并不是瞧不起 Facebook 之类的网站，

但技术的发展让情况似乎发生了变化,电视和大量移动设备走进日常生活,信息能影响到人们的心理状态,成百上千的人因为开车或走路时发短信而遭遇意外,这真的很可悲。但我并不是说要抛弃科技。我们必须加强自身的力量,以我们的优势为基础,尽可能多地利用我们所拥有的一切。青年都有他们崇敬的偶像。有时当你听到他们谈论偶像所用的词汇和语句时,你会想为什么他们会选择这些方式表达他们的情感。我是一个约1.8米高的非洲裔美国女性,当我在体育场举办活动时,有5 000或10 000人花钱听我说什么,这是一件幸运的事。就在刚才,有一位节目制片人告诉我,我在Facebook上拥有380多万粉丝,而且其中大多数是年轻人。这让我知道人们有所追求,我试着向他们讲述,并希望真相能被接受。我不是唯一这么做的人,有很多对年轻人关爱有加的人也在试图告诉他们真相,并鼓励他们变得坚强。

写作一定要有道德感或负有道义责任吗

马娅·安杰卢:人人都应对他人负有道义责任。我认为这适用于所有人,无论是屠夫、面包师还是烛台制造商都应如此。你必须以写作的方式讲真话，让其他人在其他国家看到后也能理解它。当你在百科全书中查阅普布留斯·泰伦提乌斯·阿非尔的时候，你会看到这位还被称为泰伦斯的人是个非洲奴隶，被卖给了罗马元老会的一位议员。被这位议员释放后，他成为罗马最受欢迎的剧作家之一，但却并不知道自己成为罗马公民。他的一些话和一些戏剧作品从公元前154年一直流传至今，其中就包括那句："我是一个人，人所固有的，我都具有。"

扬·马特尔：不一定。艺术是见证，它见证了好与坏等很多事。不是只有好人才能写出好书，而好书也未必会有皆大欢喜的结尾。听听流行音乐会发现，歌词往往冗长，但这并不影响它们成为了不起的流行歌曲。事实上，写作需要努力，需要勤奋的工作，努力也是一种技巧。我认为，很少有作家的工作是在否定生活，我不相信文学虚无主义，真正的文学虚无主义者根本不会写作。这是一个两难的问题，要么作者在某种程度上解决了这个问题，要么读者会感到具有讽刺感。

为什么写作文化很多时候都反映出一种怀旧感

艾丽芙·沙法克：我来自一个集体失忆的社会。漫步在伊斯坦布尔，我注意到那里有多么丰富的历史，然而我对过去的记忆却那么单薄。这种矛盾总是让我感到惊讶。我相信记忆是一种责任，不是要陷在过去，而是要向过去学习，要同时看到过去的美好、残酷和复杂之处。我们要对历史采取更细致入微和更冷静的态度。中东地区的理性现代派的问题在于，他们过于面向未来，以至于全盘否认过去，这样就使他们忽视了政治和社会领域的连续性。另一个极端则包括民粹主义者和原教旨主义者等一大批人，这些人都是以过去为导向的。他们兜售着一个关于失去的黄金时代的梦想。为什么会失去？因为他们从我们这里拿走了历史。而谁是"他们"？不同的国家对这个问题给出的答案各不相同，"他们"可能包括外国人、少数族裔、叛徒或外部势力。这种言论极具煽动性，这种将光荣历史浪漫化的观念是极其危险和有害的。在过去几十年里，俄罗斯、奥地利、匈牙利、土耳其和德国都重新出现了帝国主义怀旧情绪。我们需要特别关注欧洲那些曾经存在帝国的地区，这种"失落的辉煌"的概念不断被那些地方的民粹主义蛊惑者所利用。

诗歌中的"怀旧"（algia）的说法可以追溯到希腊语中的algos，这个词与身体的疼痛和心中的痛苦有关。研究表明，这种苦中带甜的情绪在充满变数的时候表现得尤为明显，苦乐参半或许是最好的描述——甜蜜之处在于我们能够重温美好时光，苦涩则表现为距离之遥远艰辛，甚至是对时光一去不复返的感叹。无论是对过去的个人怀旧，还是对遥远时代的怀念，我们都将怀旧浪漫化了，并将怀旧的记忆看作一种深厚的情感。任何经历过这种情感的人无疑都将证明这一点。怀旧情绪的诱因各不相同，但最强大的诱因之一是音乐。音乐是一种艺术形式，也是一种语言，具有强大的能力来唤醒记忆，这是其他许多文化形式难以做到的。

音乐在人类体验中发挥什么作用

莫比[①]：我认为人类的状况会让所有人都感到困惑。我们

---

① 莫比（Moby）：音乐家兼制作人，在全球卖出了2 000万张唱片。在音乐之外，他还是著名的动物权利活动者。

在一个有着140亿年历史、广阔得超出我们想象的宇宙中仅生存几十年。比如，我们可以把自己的年龄定义为40岁，但事实是，在量子层面上你身体的每一部分的年龄都不小于140亿岁。在面对一个超出我们想象的古老和广阔的宇宙时，音乐为我们提供了一种奇怪的自我庆生的方式。

汉斯·季默[①]：音乐是我们人类为数不多的擅长的东西之一。如果你回过头来看音乐的历史，你会发现其中有些声音类似巴厘猴的叫声。开始时是一群猴子在森林里嬉戏，逐渐转化成吟诵。如果你去参加一些狂欢活动或观看足球比赛，你就会发现人们在按照节奏咏唱——人类确实会这样做。我们的这种参与和组织的意识，是一种最粗陋的音乐形式。然后我们去听一些更高级的音乐，比如莫扎特单簧管协奏曲的第二乐章，你不可能不被它感动！音乐让你重新发现人性的美。当你和其他人一起听莫扎特的音乐时，你会觉得大家紧紧联系在一起。我想这也是伟大的诗歌所追求的境界。

[①] 汉斯·季默（Hans Zimmer）：德国电影评论家和唱片制作人，曾为包括《狮子王》(*The Lion King*) 在内的150多部影片创作音乐，其中《狮子王》在1995年获得奥斯卡最佳原创音乐奖。

郎朗[①]：音乐会时刻与你在一起。如果你继续练习，继续演奏，音乐将伴随你一生——这是一份多么美好的礼物。在我自己的生活中，名声等固然重要，但没有什么能代替音乐，音乐是我生命中的一部分，这是我真正拥有的财富。音乐天赋就像你在珍宝岛上找到的宝藏。你不必非要成为一位大师，无论你的音乐才能、年龄、财富和所处的位置如何，这门艺术都可以给你带来一种奇妙的感觉。音乐与你同在，它是特殊的、卓然不群的、美丽的。成功的音乐能留在我们心中，可能是巴赫或贝多芬的作品，也可能是韩国流行音乐或电子舞曲。这就像莎士比亚的伟大作品一样，与我们心灵相通的作品在社会中有着独一无二的地位，比如传统的童话故事、小说或戏剧。音乐植根于我们的文化，帮助我们成长、进步、让生活变得更好。它提醒我们想起过去，也让我们畅想现在和未来。

什么是表演艺术

郎朗：对我来说，表演者和乐器之间没有距离，但是用

[①] 郎朗（Lang Lang）：中国钢琴家、教育家、慈善家。他曾与多家全球著名交响乐团一起演出。

钢琴做到这一点并不容易。如果是弹吉他，你拿起来吉他，就像有一个朋友在你身边，用小提琴演奏音乐也是一样的。但钢琴具有不同的物理特性，它摆在那里，你必须加倍努力才能让它演奏出音乐。你不能只是坐在那里，用你的手弹奏，在你弹奏出一个音符之前，你必须将你的大脑和你的心连接起来。

音乐有流派之分吗

莫比：所有促成某种音乐流派的诞生、延续和改革的变量，以及人们对音乐的倾向，都进入了混沌理论的范畴。变量的数量众多，难以厘清。你可以不假思索地回答说，摇滚乐来自穷困的白人，这部分穷困的白人深受黑人说唱音乐的影响，但现实要复杂得多。我不想让自己的谈话听起来太深奥，但我确实认为这在很大程度上与神经可塑性有关。随着时代的进步，神经系统科学家越来越意识到大脑的可塑性，但研究也表明，大脑有一种固执的欲望，想要对事物保持一定程度的刚性——保持对我们熟悉的，以及我们想要忠诚相待的某种事物的热情。我们对爱国主义和球队的支持反映出很多这方面的表现，这也导致了音乐的产生。音乐不仅是一种偏好，而且是一种落后的部落式的忠诚，在过去也曾展现出其功利主义的一面。当唱片价格昂贵且很难获得时，购买唱片曾是对一种流派忠诚的表现。如今，音乐无处不在，几乎不需要花多少钱，因此随着时间的推移，音乐似乎正变得越来越过时。如果这番对话发生在30年前，那么我们几乎所有的朋友都会有自己非常喜欢的音乐流派。现在我的朋友们很少提及音乐流派，而是大而化之地说他们喜欢的音乐。

汉斯·季默：当然有！例如，我一直认为说唱音乐或多或少源自蓝调和灵歌。通过这种音乐，人们表达了相当强烈的政治和社会思想。另外，欧洲的艺术音乐则是为了配合人们享用昂贵晚餐或配合歌剧演奏的。一种音乐是真实的、积极向上的，而另一种音乐则彰显了生命的美好。音乐的种类如此之多，甚至包括军国主义音乐——事实上我认为这根本不是音乐，而是一种可怕的宣言，是对音乐力量的滥用。有100万首以爱情为主题的歌曲不足为奇，尽管表达方式略有不同，但是它们都试图表达相同的主题。在流行音乐中，你有了乐队的概念。年轻的时候，和其他两三个人一起组成一支乐队来演奏音乐，这是很普通的事情。要想演奏伟大的音乐，你必须有年轻时的那种冲动,我想这就是很多乐队最后会分崩离析的原因。乐队成员冲动、爱冒险,但我认为他们不懂得如何长期和平相处。他们必须表现得像一个统一的整体,对所发出的声音要承担集体责任。

郎朗:当你说古典音乐时,你说的是一段时期的音乐,而不是一个流派。在某段时期内,有巴洛克音乐、浪漫主义音乐、印象派音乐,还有现代音乐和更多古典流派。许多人对此有误解,听到一些音乐后会想:"啊,这是古典音乐。"而事实上,它和其他音乐没什么不同,也许只是条理更明晰,结构更严谨。音乐是用来表达个人情感和激情的,可以是3分钟或4分钟的流行歌曲,也可以是30分钟的奏鸣曲。这些音乐都将带你踏上一段充满感情的旅程,穿越不同的山峰和峡谷。无论哪种音乐类型,制作音乐的想法都是一样的,都是个人对情感的表达。

音乐与语言有什么关系

莫比:西方哲学千百年来一直在探讨的一个话题是:什么问题是可以知道的,怎样进行交流。20世纪初,路德维希·维特根斯坦撰写《逻辑哲学论》一书时，曾试图回答这个问题。他认为人类唯一有意义的做法是可以通过数学来交流。他认为数学是一种没有解释空间或主观判断的语言。几十年后，他推翻了自己之前的观点。他没有说艺术、演讲和写作没有意义，而是说它们本身就是主观的交流形式。音乐超越了语言的界限。语言的词汇非常丰富，但仍然有限。音乐的出现填补了空白，它弥补了我们难以通过口头或文字充分表达自己感情的不足之处。

汉斯·季默：音乐绝对是语言的延伸。伯恩斯坦在哈佛大学的演讲中很好地阐释了这一点，他谈到了音乐是如何产生的。我们语言中有一个通用的词"妈妈"，如果你把这个词唱得更快一点，声音更大一点，妈妈会听到你的声音，然后过来抚慰你。从这个意义上说，音乐与生存息息相关。就像所有的好东西一样，我们迟早要摆脱对音乐最基本的需求，并将其上升为艺术需求。

莫比和汉斯在这个问题上似乎存在一点分歧，但无论我们认为音乐是语言的延伸还是超越了语言，有一点都大致相同：音乐能够使我们以传统书面形式无法充分表达的方式进行交流。

对我来说,离开电影就不可能讲述文化的故事。只要我们了解这种艺术,电影中动人的形象就会一直伴随着我们。从最早的皮影戏到照相机,都对文化和社会生活的重要方面进行了动人的描绘,并且一直引人入胜。直到19世纪中期,随着技术的进步,我们才开始看到我们今天所看到的电影的制作——发明家和艺术家不仅开始记录生活,还开始以叙事的方式来讲述生活。有一些出于本能的、令人愉悦的感觉,让我们与移动的影像建立联系,这种联系可以解释为什么电影和影院能成为主流文化。

为什么电影能成为文化的重要组成部分

保罗·格林格拉斯[①]:电影是商业性的,也是艺术性的,从一开始就这样,这点和戏剧类似。电影在文化中占据中心地位,因为它是一种人格化的艺术,每个人都可以欣赏并理解它。移动图像随时随地可以播放观看,它们能进入你的潜

[①] 保罗·格林格拉斯(Paul Greengrass):知名电影导演、制片人和编剧。他因使用手持摄像机和对历史事件的戏剧性演绎而广为人知。

意识。去电影院是一种美好的体验,伟大的大卫·里恩曾经说过,当他还是个男孩的时候,他在影院看到一束朝屏幕投射的光线,就好像是从大教堂的窗户中射出的光一样,这让他产生了虔诚的感觉——这是有道理的。电影有玄机、有魔力,并不是说它比其他艺术形式都更好或更糟,但作为情绪和记忆的创造者,它具有强大的情感力量。它能让人雀跃、让人感动、让人哭泣、让人认同那些和他们一样的人或他们愿意成为的人。

电影作为一种表达方式的作用是什么

肯·洛奇[①]:电影一直以来都存在一种矛盾。一方面,它是一种提供了几乎无穷无尽的图像、声音、剧情和观看机会的媒介。它使用小说和戏剧中的故事,也使用音效和音乐,所有这些元素都可以编辑,然后再加工处理。电影具有无尽的可能性,那么它为什么不形象地用语言表达出来呢?其实

[①] 肯·洛奇(Ken Loach):电影制作人,以社会批判性导演风格和社会主义理想而闻名。他的电影《小孩与鹰》(Kes)在英国电影协会的评比中被评为20世纪最伟大的英国影片第7名,他还曾在戛纳电影节上两次获得金棕榈奖。

电影也一直是一种商业行为。从第一场演出开始，电影就和商业、娱乐有关。在戏剧刚出现的时候，剧作家们都在进行有深度的写作，但在电影界，却没有这样的编剧。电影开始商业化，这是两个紧张的维度，商业的部分掌握在跨国公司手中，电影院归跨国公司所有，而电影只是这些大公司的一系列生意中的一部分。从好莱坞或宝莱坞都能感受到金钱的力量，金钱主导了电影的发展，留出的只有一小块空间，作为艺术电影为人所知，而现在就连艺术电影也成了跨国公司旗下的作品，因为没有很大商业投入的电影获得成功的可能性很小。很多人希望拍摄出有创意、有表现力的电影，但没有足够的空间去展示它。

如何讲出一个好故事

肯·洛奇：我总是直接与作者合作，而故事往往出自交流对话，以及对世界的看法。一个好故事会揭示一部分社会真相，而不仅仅是塑造一群人物角色。你必须揭示一些比个人日常生活更深刻的东西，通过对话讲出故事。你会预感到什么是重要的、什么是独立的、什么是富有想象力的、什么是有趣的。我的目标是找到一个看似渺小但能揭示更深层问题或冲突的故事，一个能反映出更大问题的缩影。

电影的力量无疑是强大的，在印度这一点体现得尤为明显。大多数印度人的身份认同与电影几乎是密不可分的。每年在宝莱坞出品的1 000多部影片是十几亿印度人关于社会和文化问题的反思。银幕上的明星被当作偶像而获得崇拜，并在印度拥有令人难以置信的权力和影响力。我是在一个印度移民家庭长大的，目睹了这一点。对我的父母来说，印度电影不仅是回忆"故乡"的怀旧纽带，也是了解印度文化变迁的一种方式。

电影与印度文化有什么关系

悉达多·罗伊·卡普尔[①]：电影院在印度已经存在了一百多年，在大部分时间里，电影确实是印度大众娱乐的主要方

[①] 悉达多·罗伊·卡普尔（Siddharth Roy Kapur）：电影制片人、罗伊·卡普尔电影公司创始人兼董事总经理、印度电影和电视制片人协会主席。他曾任印度沃尔特迪士尼公司董事总经理。

式。长期以来,印度一直是一个非常贫穷的国家,只是在过去 15 年里,才让很多人摆脱了贫困,但我们依旧有很长的路要走。在这样的环境中,电影院为我们提供了一种逃避现实的手段,使我们能够暂时摆脱日常生活中不得不经历的一切。在电影院里的三个小时使我们能够忘记自己遭受的苦难,成为银幕上的英雄。或许正因如此,很多电影都成为让我们逃避现实的娱乐方式——我们的生活就够艰难的了,不需要在银幕上还与同样严酷的现实打交道。电影是印度文化不可分割的一部分,深深植根于我们的日常生活,不管现在还是过去,都能引起我们强烈共鸣。

印度电影反映的是一个更加多元化的国家吗

里特什·希德瓦尼[①]:我们拍摄《天堂制造》的时候,印度《刑法》第 377 条规定,自愿的同性性行为是非法的。在这部电影里,我们描绘了同性关系,而播放这些内容会严重违反法律!在一个自由主义价值观不断增长的世俗民主国家,

---

① 里特什·希德瓦尼(Ritesh Sidhwani):印度电影制片人和出品人,与法罕·阿赫塔尔(Farhan Akhtar)共同创立了艾克赛尔娱乐公司(Excel Entertainment)。

这种局面与我们所支持的价值观背道而驰。在我们完成电影拍摄时，最高法院已经废除了第 377 条规定，这意味着许多人可以自由地表达他们的思想并自由地谈论这些内容。有时候，你确实会产生某种想法，并从中获得启发，因为讲出这个故事很重要。有时你会听到关于同一个问题的不同看法，这就产生了需要被分享和表达的故事。印度观众接触到来自世界各地的文化，其他地方的文化也能启发和影响本地文化。

悉达多·罗伊·卡普尔：即使在 20 世纪 40 年代、50 年代和 70 年代，我们也有很多有关社会禁忌话题的电影，而今天我们看到的印度电影中的题材比以往更加多样化。传统上，印度电影是包罗万象的，有浪漫、悲剧、喜剧、歌曲、舞蹈、傲慢的坏人、耀眼的明星和绝佳的环境。一部电影要想获得成功，就必须具备所有这些条件——这就是宝莱坞电影的特色。随着审美的提高，我们接触到更多的全球电影，观众已经更加成熟，开始享受一些不仅仅是逃避现实的内容。你所面对的主题与当今社会息息相关，尽管逃避现实的电影仍然很好，但现在你又有了一系列其他题材的商业电影，而这些题材的电影在几年前还属于艺术电影或平行电影。

音乐在宝莱坞影片中扮演什么角色

里特什·希德瓦尼：印度的一切重大仪式都是通过音乐来庆祝的！如果没有名为 Sangeet 的音乐之夜，婚礼就不完整。音乐是无处不在的，我们用音乐表达一切。在电影里，不管什么情况，比如庆祝、哀悼、悲痛，这些情感都伴随着音乐。音乐是我们文化的一部分，就像武术是中国文化的一部分那样。在早些时候，你会在电影中看到一些角色突然开始唱歌，然后你就会看到一些梦幻般的场景，人物毫无征兆地出现在瑞士阿尔卑斯山上，围着一棵树狂欢。但这种情况正在改变，现在音乐被更加自然地融入进剧本。当然，也有一些例外。在电影《印度有嘻哈》中，我们与 30 多位艺术家共同制作了 18 首或 19 首不同的歌曲。影片中的一切都是通过音乐，尤其是说唱乐来表达的。在印度，这类音乐被认为是非主流的，却是这部影片的诱人之处——这种音乐是一种强大的亚文化，理应成为主流。

悉达多·罗伊·卡普尔：印度电影在叙事过程中总是极为有效和广泛地使用音乐。虽然使用方式可能会改变，比如，我们不再有那么多对着口形同步播放的歌曲，但我们仍然会使用那些与电影情节有关的音乐，那些音乐能更好地把故事呈现在屏幕上，并帮助作者讲述他们想表达的故事。

作为一种艺术形式，摄影能够传达某种独特的东西。它在一个固定的时空中讲述一个故事，这很像文字。写作和影像之间的这种联系也许正说明了，"摄影"这个词从希腊语单词 phos（用于光线）和 grapho（用于写作）中派生出来并非偶然。摄影对于我们来说有着更深的文化意义，正如作家和哲学家威廉·弗卢塞尔（Vilém Flusser）解释的那样，影像是世界和人之间的媒介。人们是无法立即了解这个世界的，因此需要有影像来帮助人们理解它。

摄影在文化中发挥什么作用

大卫·巴利[①]：摄影是一次伟大的记录，能够使人们将一

[①] 大卫·巴利（David Bailey）：时尚和肖像摄影师，因20世纪60年代帮助创造了"摇摆伦敦"（Swinging London）而闻名，并在1966年的电影《炸裂》（*Blow-Up*）中成为主角而广受赞誉。

个瞬间留存下来。当你思考摄影时,拍摄下的那一刻是你唯一拥有的东西。就在我们说话的时候,时间已经过去了,但一张照片可以固定那个瞬间。忘掉所有关于艺术的废话和那些无稽之谈吧,人们会将照片保留在相册中以维系记忆。你的大脑无法装下所有的回忆。随着年龄的增长,你那如硬盘般的大脑会超载。如果你看到20世纪70年代的一张照片,你可能会想:"哦,我还记得那一刻!"但如果你没有那张照片,那一刻就会一去不复返了,没有人会记得。摄影是一个伟大的"突袭者",在这方面远超电影。

摄影在了解自己方面有什么作用

兰金[①]:这相当复杂,因为我知道很多人可能会说,摄影实际上迷惑了我们,而不是帮助我们了解自己或世界。对于我来说,摄影是一种工具,就像大多数工具一样,无论好坏都可以使用。当你拿起相机,我想你有责任无论去哪里都带

---

① 兰金(Rankin):肖像和时尚摄影师、导演。他是《目眩与迷惑》(*Dazed and Confused*)杂志的联合创始人,是《饥饿》(*Hunger*)杂志和兰金电影公司的创始人。他拍摄了许多名人的肖像,包括凯特·莫斯(Kate Moss)、戴维·鲍伊(David Bowie)和英国女王伊丽莎白二世(Elizabeth Ⅱ)。

着它。你打算用相机做什么？从最好的方面看，我认为任何类型的最佳照片——纪录照片、时装照片、艺术照片——都像社会的一面镜子，试图映照出真相，或让人们意识到那是多么荒谬或难以置信。在最坏的情况下，摄影可以被用来作恶。最常见的情况是，摄影被用来卖东西。我认为自拍是企图利用摄影把自己的虚幻理想兜售给自己的一种方式。这多么可悲啊！

照片能改变世界吗

大卫·巴利：我认为就是那张浑身着火的女孩的照片让越南战争停止。这只是一张新闻照片，并不是艺术展示，而是反映现实。拍照和摄影是两回事。我并不是说拍照不重要，在正确的地方拍下正确的照片确实重要，但你不能称之为艺术——如果有500名摄影师站在那里，他们都会拍下那张同样的照片。越战中另一张著名的照片是正在枪杀一个人。那张照片误导了众人，因为那个被枪杀的家伙是个彻头彻尾的坏蛋。

世界上的人太多了。政客们继续谈论石油，但说起来容易，人口太多了，最终世界将无法承受。科学家解决不了这个问题，除非他们能找到一种便宜的方法去探索其他星球。这有点像复活节岛的故事——人们砍倒了所有的树，并将其烧毁，然后被困在岛上。地球只是宇宙中的一个岛屿。唯一能把人类团结起来的事情是发现外星人。

我只能按照常识行事，但常识是非常有限的。如果遇到上帝，我无论如何也无法理解他。我不信仰上帝，我相信一些其他东西，比如量子数学。我们永远无法弄清谁是上帝，我们的大脑容量不够大！有一个故事说，当库克船长第一次遇到原住民时，那些原住民看不到他的船，因为他们根本没见过大规模的船队。

兰金：我是摄影师奥利维罗·托斯卡尼的崇拜者，在广告拍摄中他会有一些超乎想象的表现。他运用的拍摄手法能够让人们停下来思考在生活中做了什么。他在贝纳通的案例中使用的颜色非常朴素、简单，这就是为什么那些案例会如此令人震撼。我认为，它们是一些很好的例子，通常被认为很普通的形象往往会改变人们的思维方式。作为摄影师，记录人的本质非常重要。不管是刚果的某个人，还是一位一线明星，都可以只通过一张照片就改变社会对他的看法或他自己的形象。正如我说过的，最好的照片是向世界展示一些以前从未见过的东西，或为社会树立一面镜子，无论批评或讽刺、娱乐或庆祝。

艺术的力量是什么

翠西·艾敏①：这个问题听起来有点奇怪，但我试着回答一下吧。我无法证明这一点，但我认为真正的艺术——有信仰、有情感的艺术——承载着一定的重量。就像东西有重量一样，世界上的情感也是有重量的。这就像艺术品会激起尖叫，激发热情和其他情感，无论在何处，它都会刺激人们的脉动和呼吸。艺术承担着变化，承担着压力，承担着恐惧，承担着放纵。它就像某种原子，所有这些情感都渗透进这些画作中，融入这些颜料原子中，粘在一起。它们不会爆炸，它们不会疯狂。这就是为什么艺术需要存在，这也是为什么我画了很多画，有时知道自己的作品是好的，有时知道并不怎么样。我可以画一幅看上去不错的画，做到这一点并不难，但那是画匠的工作，我不是画匠。艺术对我来说是另一种东西，如果我不按照自己的意愿去做，那就没什么意义了。

---

① 翠西·艾敏（Tracey Emin）：艺术家、皇家艺术学院成员。她制作的艺术品包括绘画、雕塑、电影和霓虹文字装置。

年轻一代与艺术运动有什么关系

黑思：我认为千禧一代的艺术、时尚和音乐并不符合我这个年龄的人的审美，但无论如何，那些都是艺术。那是他们的艺术。千禧一代的艺术媒介是科技，科技是他们表达自我的方式。我们没有必要也不打算去理解这些艺术。我试图欣赏它的本质，从表面上看，这似乎很肤浅，但它有自己的道理和深度，许多千禧一代制作的艺术品就是如此。如果回想一下我 20 多岁的时候，会发现那时我更关心的也是同龄人的感受，而不是我父母那个年龄段的人的想法。

不去讨论饮食，对文化的研究就会不完整。食物不仅是所有生物生存所必需的基本物质之一（还有空气、水、住所和栖息地），还关乎营养、自然、文化、精神、福祉、世俗、美学和艺术。它同时也是最具社会意义和亲密意义的活动。食物调动我们感官的方式是独特的，我们生活中任何其他方面很少涉及类似方式。全球大多数文化是由它们与食物的关系所界定的，食物是一种认同和传承的方式，同时也极具象征意义,在许多仪式中发挥着核心作用。因为在印度教家庭中长大,我对食物文化的重要性毫不怀疑。赫斯顿·布卢门撒尔和艾伦·杜卡斯是我们这一代最重要的两位厨师。他们远不止是厨师,还是哲学家和思想家。为了更好地理解食物在文化中的作用,我想不出有比他们更合适的人来进行对话。

为什么食物如此重要

赫斯顿·布卢门撒尔[①]:我们有一种独特的能力,可以想象出原本不存在的事物。这使我们能够创造共同的信仰和文化,包括语言、宗教、科学、数学、音乐、农业、舞蹈、社交媒体、国家、民族、球队等,这些都是共同的信仰。当然,人们有两种最大的共同信仰:金钱和时间。所有这一切的背后是意识,意识的进化与我们寻找食物的能力息息相关。今天,我们不必为了养家糊口去翻山越岭和杀人越货,食物已经很容易得到。我们把自己驯化了!与我们最亲密的是空气,我们需要

[①] 赫斯顿·布卢门撒尔(Heston Blumenthal):英国著名厨师和电视节目主持人。他的餐馆"肥鸭"(The Fat Duck)是英国5家米其林三星餐厅之一,2005年曾被评为世界头号餐厅。

呼吸空气，紧随其后的就是我们塞进嘴里补充能量的吃吃喝喝。再往后是山脉、动物等其他物体和生物。要想完成一段旅程，首先你需要喝水和吃东西。

人作为一个物种，最初是狩猎者、采集者，那时小群的人会集结在一起，寻找食物来维系生命。我们的内分泌和激素系统是在这个过程中发展起来的。为了生存，我们必须发展围绕食物的共同文化。我们捕猎和聚集，准备食物和进食，并在这一过程中受到激素和情绪的影响。想象一下那些早期的人类在森林中发现了蘑菇。在这些人中必须有人先吃下蘑菇，如果能存活下来就说明："没问题，我们可以吃那种蘑菇。"数千年来，人们之间的关系就是这样通过食物来维持的。几千年后，农业崛起，随着耕作和种植的发展，人们开始交易余粮。我们在采集、狩猎时需要评估花费的宝贵时间，而在农业社会则变成要给粮食估价并保全粮食。又过了几千年直到今天，我们生活在一个大多数常见病几乎绝迹的社会，代之以孤独症、糖尿病、阿尔茨海默症、痴呆症、帕金森病等疾病——但我们比以往任何时候都更长寿，相对而言，也比以往任何时候都过得更舒适，因此我们担心失去这种生活。

食物在文化中的作用是什么

赫斯顿·布卢门撒尔：138亿年前，一场大爆炸发生了。那不是真的爆炸，而是宇宙的形成。在相互作用下，形成了分子和原子，这涉及物理与化学；其中一些分子和原子形成了生命，这涉及生物学；这些生命都存在于数学和物理学可预测的结构系统中，其中一些生物体进化出知觉，这涉及历史学。烹饪和饮食是跨越所有这些领域的唯一方式。你能搞到植物、肉、鱼、水果、调料，你可以对它们进行处理加工。你把它们剁开、加热，它们会发生物理反应和化学反应，产生香气。你吃掉这些食物，如果你喜欢这个味道的话，也许会写下一道菜谱。

食物涵盖每一个领域：物理学、化学、生物学、语言、数学、音乐、舞蹈、哲学、心理学、地质学、地理学等，包罗万象。然而，我们已经取消了大部分与食物相关的课程，在教育上并没有给予其应有的关注。责任不在于我，不在于你，也不在于任何个人。重要的是要确保我们教给孩子有关食物的知识，以及如何让他们能够更好地认识自己，了解他们与世界的联系以及彼此之间的联系。你与食物的联系越多,你在吃饭的时候自主意识就越强。你吃得越少,你对食物的重视程度就越高。你可以把手伸进一碗葡萄干里,抓一把塞进嘴里,也可以把每一个葡萄干都拿出来,看清它的结构、质地并感觉它,然后在你吃的时候真正品尝它的味道、口感,体会你与它的关系。我认为这种关系是理所当然的。

艾伦·杜卡斯[①]:食物是人类生活的核心,无论在任何时代、任何地方都是如此。布里亚·萨瓦兰说得非常正确:"告诉我你吃了什么,我会告诉你你是谁。"食物是人与自然的联系,吃饭时需要选择那些被认为可以食用的东西。不同的情况下吃什么,如何准备菜,最重要的是如何分享这一刻,这些因素组成了一顿饭的文化。餐桌是人们常常聚集在一起的地方,是世界上凝结最多文明的地方。

我不希望淡化我们生活中面临的挑战,但与我们以往大多数情况下所面临的生存难题相比,我们现在在很多方面要过得相对容易些。

---

① 艾伦·杜卡斯(Alain Ducasse):法国厨师,在全球拥有 20 多家餐厅,包括 3 家米其林三星餐厅。

在我们生活的这个地球上的大部分时间里，人类的预期寿命都非常短，大约只是我们现在认为相对正常的寿命的1/3，而且在生命的主要阶段都是在为纯粹的生存而努力，或许那时的人们更接近于我们现在认为的自然世界中的生命。

然而，一台我们随身携带的1.7公斤重的小型超级计算机，就能让我们展现出超能力。这种设备不仅能帮助我们认识外界，还能让我们确定时间和空间位置。我们作为个体和群体，知道我们有历史、有未来、有死亡，这反映在我们的文化中。正如扬·马特尔告诉我的：动物不会去了解它们是谁，但我们会这样做。马娅·安杰卢也表达了类似的观点，她描述了我们每个人的内心是如何产生冲动的，这种冲动让我们希望通过艺术、爱情和文字向其他人解释自己。它使我们有别于其他物种，这也许是我们最大的天赋。

艺术是一种有意义的追求，随着对最早人类留存下来的零散证据的发现，我们找到了这方面的例证。随着我们人类的发展，关于我们的存在以及我们分享知识和历史的方式也在发展。我们发展出更复杂的语言、艺术、诗歌、音乐和电影，用更复杂的方式来显示我们的存在，分享我们的故事、知识，以及记录我们的历史和畅想我们的未来。艺术作为一种文化形式，一直是一种巨大的变革力量，帮助人们了解他们所生活的世界,以及了解彼此。

文化是这种融合的产物,它赋予我们生活环境,也为我们提供了一个透镜,让我们能够理解一切。正如扬·马特尔在我采访他时说的:"没有文化,没有故事,我们是一群孤独的动物,小心翼翼地行走在这个世界上,不知道要去哪里或者为什么行走。"各种文化形式给我们提供了答案,告诉我们是谁以及我们旅行的轨迹。文化是抽象的,但又是有形的——如果我们想诗意地问文化是由什么构成的,我想答案很简单:我们的真相。

03 领导力：将人聚在一起

领导力是让事情变好所必要的因素,这要从人开始。关键是要在特定情况下,弄清楚如何让一群人不断向前迈进。

——约翰·科特

我很清楚,如果真的有天生的领袖,那肯定不是我。我是个害羞、不受欢迎的孩子——没有加入过体育运动队,从未组织过学校活动。我来自相当保守的家庭,接受的教育也极为保守。如果你让我的老师在班上30个孩子中挑出一个当班长,我应该是第29个或第30个被选中的。当我开始我的第一笔"生意"时,我的目标不是做一名商业领袖,而是要赚到足够的钱去支付上飞行课的学费,以追逐成为一名航空公司飞行员的梦想。我当时没有想到的是，在经营企业、艰难谈判、向我们的客户提供产品和服务以及与行业中优秀的人才合作等过程中都会不断产生激情，我必须学会领导并完成工作。我很快意识到，关键问题是让我的团队与我一起完成共同的使命，打造欧洲最好的网页设计机构，并为我们的客户提供最智能的软件解决方案。

当时我还不会使用商业专业术语，但我创造了一种可以让人们成长并表现得更好的高绩效文化。我必须迅速了解自身擅长和不太擅长的领域，我逐渐意识到，我一直是一个害羞的孩子，这也许是我的优势——自信很重要，但太过自信可能是危险的。在我看来，领导力没有终点，你每天都在学习，从每一次危机中学习（我们确实经历过一些危机！）。

我的领导经验一直来源于中小企业，企业内有几百名员工。虽然我也曾是拥有数千名员工的几家企业的董事会成员，但我无需对这些企业直接负责。正是考虑到这一点，我被领导力的艺术和技术深深吸引，比如领导世界上最大的组织需要什么、小机构的领导者可以向那些顶层的人学习什么。

在本章中，我们将会见一些世界上最成功和最具影响力的领导者。军队或许是领导力影响最深远的领域，我们就从它开始。我与前联合特种作战司令部司令斯坦利·麦克里斯特尔将军、前参谋长联席会议主席理查德·迈尔斯将军和前北约盟军副总司令理查德·希里夫将军进行了交谈。我还有幸与国际空间站的指挥官、前上校克里斯·哈德菲尔德进行了交谈，他跟我聊到了在极端环境下领导力的作用。我从与企业家谢家华和卡尔洛·安切洛蒂的交谈中学到了很多东西，前者曾经营规模惊人的企业，后者是世界上最成功的足球经理人之一。

成为领导者意味着什么

斯坦利·麦克里斯特尔[①]：人们常常把领导力定义为影响人们做事的能力。我所认为的领导力与此有些许不同。领导力就是要创造一种环境，让与你合作或为你工作的人都能比他们单独工作或在其他环境下工作得更好。领导力就是创造出一种文化，并不是为了让每个人都满意，而是帮助人们实现真正的价值。

[①] 斯坦利·麦克里斯特尔（Stanley McChrystal）：美国退役将军、麦克里斯特尔集团创始人。退休后在耶鲁大学教授国际关系专业。

谢家华[①]：我会尽量避免使用"领导力"这个词。如果你将公司比喻为温室，那么公司职员就是温室中的植物。植物都想长得更高、更茁壮，所有的公司员工都想成为首席执行官。我不会那样看待自己的角色，我是温室的设计师，我的工作是创造一个能够促进植物茁壮成长的环境。我认为自己的角色更多的是要尝试创造合适的环境和体系，以使员工们能实现他们的最大价值，并发现他们的激情与他们擅长的领域之间的交集。不管这是更好还是更糟的方式，我从未尝试过用其他方式来经营一家企业，这其实更多的是与我的个性，以及我感兴趣的东西有关。多年前，我曾忙于参加许多活动和聚会。我会想那天晚上城里还有什么其他活动、路上哪家酒吧会开门、夜店的开业时间，以及我能做的一切事情，以便为我的客户带来流量。我从来都不是聚会的焦点和中心。一旦聚会开始，我就喜欢待在后台，看着人流。我想这与我对公司的看法是一样的。

[①] 谢家华（Tony Hsieh）：企业家、风险投资家和网络服装公司 Zappos 的首席执行官。他还与人联合创办了互联网广告网站 LinkExchange，他在 1998 年以 2.65 亿美元的价格将该网站卖给了微软公司，当时他只有 25 岁。（译者注：2020 年 11 月，谢家华因家中起火意外死亡。）

理查德·迈尔斯[①]：没有一个带头组织人们为社会做一些有意义的事情的人，生活中一些有益的事就不会完成。对我来说，领导者是组织团队去完成一项使命或某个特定目标的人，领导者是能够让人们在协作环境中朝着同一个方向前进来完成任务的人。很多人认为军队里的领导者只是在发号施令，我希望这些人在我担任参谋长联席会议主席时能一直跟着我，这样他们就会发现其实我并没有指挥任何人，因为我们必须通过劝说和协作来完成所有事情。

理查德·希里夫[②]：领导力就是能让人们心甘情愿地做那些领导者希望他们做的事情。我当了37年的职业军人，对我来说，领导力绝对是指挥和命令士兵的核心。军队领导权还涉及很多其他方面，但如果你不能领导士兵，你就永远不可能成为一名军官。军队对军官的选拔，都是为了确定一个人是否有成为领导者的潜力，将其天赋与培养、训练相结合，确保他们能发挥出自己的潜力。

---

① 理查德·迈尔斯（Richard Myers）：美国空军退役四星上将，目前担任堪萨斯州立大学第14任校长。在他担任参谋长联席会议主席期间，曾是美军最高级别的军官。
② 理查德·希里夫（Richard Shirreff）：英国退休高级军官、作家，曾在2011年至2014年担任欧洲盟军副总司令。

斯特夫·弗里德曼①：我认为领导力以及成为领导者的意义，与其说是一个人在组织中的职位或角色，不如说是任何人都能体现出的一种品质。我对领导者的简单定义是，领导者要能动员人们实现有价值的目标，把人们带到一个更好的境地。即使你不是领导者，你在领导力方面也可以做得很好；或者相反，哪怕你处在权力顶端，你也可能做得很糟糕。

卡尔洛·安切洛蒂②：领导力是将你的目标传递给团队，并让团队接受和理解你的意愿。

领导力会随着时代的变化而变化，在面临危机时需要的领导方式可能与和平时期并不相同。在不同的情况下，需要不同的工具、方法和素质将人们团结在一起。为了研究当今世界所需要的领导力类型，我与全球最具影响力的投资者之一杰奎琳·诺沃格拉茨、世界商业战略方面的杰出专家加里·哈默

---

① 斯特夫·弗里德曼（Stew Friedman）：沃顿领导力计划和沃顿工作/生活一体化计划的创始主任。他还是宾夕法尼亚大学的教授，每周主持一次"天狼星XM"（Sirius XM）广播节目。
② 卡尔洛·安切洛蒂（Carlo Ancelotti）：意大利前职业足球运动员，英格兰超级联赛足球俱乐部埃弗顿的前主教练，现为西班牙皇家马德里队主教练。他是3次夺得欧冠的仅有的3名俱乐部主教练之一，也是仅有的2名能4次带队闯入欧冠决赛的主教练之一。

尔，以及曾在美国数届政府任职的罗伯特·伯纳德·赖克等人进行了交谈。

当今世界需要什么样的领导风格

杰奎琳·诺沃格拉茨[①]：多位管理政治、金融和社会机构的领导者在成长过程中形成世界观时，受到了一系列有分歧的思想的影响，包括性别差异、经济差异、社会差异、给予与索取的差异等。因此，我们所看到的领导方式或许不可避免地包括命令、控制和分割，而不是协作、联系和团结。今天，我们面临严峻的全球卫生和社会危机，我们解决这些危机的唯一途径是保护脆弱人群并进行合作。我们需要建立一种能带来希望的领导力，一种鼓励大家健康成长的新型领导力。一位真正的道德领袖，是一个开朗、诚实和值得信赖的人。

---

① 杰奎琳·诺沃格拉茨（Jacqueline Novogratz）：畅销书作家、非营利性组织 Acumen 的创始人和首席执行官，该组织投资于帮助生活在贫困中的人们能够改变生活方式的企业。她曾被《福布斯》(Forbes) 评为世界上 100 位在世的最伟大的商业思想家之一。

罗伯特·伯纳德·赖克[1]：我们需要政治和公共部门的领导者了解不平等和腐败的危害。当顶层存在严重的不平等和大量财富时，总是会滋生腐败。金钱被滥用，政治文化开始分裂，不信任在加剧，财富在流失，这威胁到人们的共同利益。如果牺牲了社会信任，那些有办法脱困的人就不再有公德，不再有善举。当社会的不信任感加剧，当规则被人为操纵，人们尤其容易受到蛊惑民心的政客的伤害，那些蛊惑民心的政客希望人们将愤怒、焦虑和不信任指向那些与根本问题无关，但却很容易成为攻击目标的替罪羊。

卡尔洛·安切洛蒂：个人的领导风格取决于这个人的性格。领导风格不是学到的，而是个人魅力的延伸，不存在假冒的领导力或试图成为你不是的那种人。你领导的那些人会很快发现你是谁、你是否真诚。

---

[1] 罗伯特·伯纳德·赖克（Robert Bernard Reich）：美国经济学家、畅销书作者和政治评论家，曾在杰拉尔德·福特（Gerald Ford）、吉米·卡特（Jimmy Carter）和比尔·克林顿（Bill Clinton）总统的政府中任职，是奥巴马总统经济转型咨询委员会的成员。

我们需要重新定义领导力吗

加里·哈默尔[①]：人们对领导力是什么并没有一个公认的标准。在工业革命期间，大批人开始进入职场，其中大多数人受教育程度很低。因此，你需要一个新的"超级员工"阶层与这些人协调，所以我们创造了经理。为了培训这些新管理者，沃顿商学院于1881年成立，哈佛商学院于1908年成立。当时，管理者是一个怪异、独特和复杂的角色，有点像今天的数据科学家、人工智能工程师或遗传学家。我们现在拥有数量庞大的领导者阶层，这一阶层主要建立在连篇废话的基础上，而且几乎没有证据表明，培养领导力对企业的发展具有重要的经济意义。

如今迫切需要对领导力问题进行彻底反思，我对领导者的定义很简单：领导者是在集体成就中发挥催化作用的人。领导者必须变成积极分子并从内部改变制度，如果你思考一下那些真正让我们的世界变得不同的人，他们几乎都并未拥

[①] 加里·哈默尔（Gary Hamel）：美国管理演说家、作家和著名商业思想家。他在伦敦商学院工作了30多年，他的书被翻译成25种语言。

有权威职位，但他们有勇气应对严重的问题。他们也有逆向思维，这意味着他们意识到我们需要新的观点，因为旧的思维体系无法解决一些重要问题。伟大的领导者也是充满同情心的人。他们不是一心为了自己，他们不会让官僚主义者占上风。他们这样做是因为他们觉得有道德和道义责任去发挥作用，让事情变得不同，并建立广泛联系，巩固革新。官僚主义不会主动退出，当人们质疑管理一个组织的方式时，它就会逐渐消失。我们在官僚机构中受过训练，几乎不会在不先问清楚这样做是否令老板满意的情况下贸然行动，这就是为什么虽然每天有数以百万计的人在工作，但他们都普遍缺乏热情、主动性或创造力。

领导力最本质的特征是什么

理查德·希里夫：不同的人会就什么构成了伟大的领导力给出不同的结论。对我来说，在军事环境下，行为上的勇气非常重要，但我也要强调道德上的勇气，它指的是做出艰难决定、准备对权力说不并照顾人民的勇气。诚实与人格魅力是至关重要的，这种与人沟通和理解的能力是通过直觉、共情、情商、想法、恐惧和需求展现的。作为领导者,你必须有能力让你的团队放心,让他们相信你可以考量并解决他们的问题,这样他们才有可能紧紧追随你。

领导你的直属团队在一定程度上可以使你和每个人都比较接近,但直属团队在规模上有限。文化是传播任务价值观和存在模式的媒介,是你的团队(无论是100人还是10万人)中的每一个成员都会参考的规范,以确定他们如何工作。世界上最成功的公司无一例外都把文化摆在重要地位,比如奈飞(Netflix)公司甚至把文化变成了其标志,其"文化手册"已经成为世界各地公司必不可少的参照资料,且几乎是企业每一项商业决策的参照。

如何让卓越成为公司文化的一部分

苏世民[①]:在黑石,我们每周定期与重要的团体会面。在

[①] 苏世民(Stephen Schwarzman):又名史蒂芬·施瓦茨曼,美国商人、投资者和慈善家。他是世界顶级投资公司黑石集团(The Blackstone Group)董事长兼CEO,在《福布斯》的亿万富翁排行榜上名列第100位。

高级管理层方面（不过我们并不认为自己是管理层，而是球员和教练），不管是不是由你直接负责的区域，每年都会有一周要组织一次大型团体会议，让整个团队都聚在一起。会议可能涉及数百人，有时是通过世界各地的视频连线完成。在这样的团队中可以感受到一种伙伴关系，确保团队成员觉得他们正在共同寻找特定的机遇或挑战。从经济学到政府事务，从公共关系到法律，任何人都可以对任何事情发表观点，提出疑问，并从关键人物那里得到简要介绍。要想让卓越成为文化的一部分，必须让所有人都参与其中，还必须平等地对待每一个人，而这正是我们的做法。这意味着什么？做正确的事情关系到每个人的利益，你必须通过榜样的力量，定期向人们展示如何思考和行动来适应公司文化，如何辨别是非，如何学会风险管理等。让一个22岁的年轻人，有机会接触到和50岁的且从事这项工作已有25年或更长时间的人相同的信息，是一种大胆的赋权。虽然你更年轻，但并不意味着你在能力或洞察力方面有优势，而年纪大一点的人也只是更有经验。正是这样的技巧让我们得以大规模推行公司文化。

如何打造和引领表现优异的团队

尼科·罗斯博格[①]：首先，你必须认识到，团队总是比个人强大。不可能仅仅因为你是一个伟大的赛车手，你就能单枪匹马赢得冠军，你背后必须有一个非常出色的团队。这个道理放在企业中也是一样的。在过去的一年里，我培养出一支由大约 20 名全职员工组成的团队，我有意选择拥有多种技能、创新思维和出圈视角的年轻人。我每天都向他们学习，这是重要的一课。作为领导者，你并非全知全能。能够承认自己在某些领域缺乏专业知识，转而依靠团队和专业人士是非常重要的，这也让你有精力思考更宏观的发展图景。

卡尔洛·安切洛蒂：对我来说，与我的每一位球员建立私人关系一直很重要。找个地方，我们一起进行交流，互述衷肠。我经常尝试用我队员的母语和他们交谈，因为这样能立刻打破沟通的障碍。

[①] 尼科·罗斯博格（Nico Rosberg）：德国-芬兰前赛车手和企业家。他曾在 2016 年获得一级方程式赛车世界冠军，并在 2017 年入选国际汽联名人堂。

如何建立一个有着根深蒂固的价值观的公司

哈麦迪·乌鲁卡亚[①]：刚开始创业时，我是个彻头彻尾的外行。我从没在任何地方工作过，也不认识任何一个创业的人，和任何首席执行官都不熟识，没有商业"关系网"，从未学习过商业课程。我只是一个普通人，与一家成功企业的首席执行官风马牛不相及。刚开始创业的时候，我脑子里只有一件事：我不想做我曾讨厌的那种人。我确实非常有激情，要让这个工厂起死回生，使它能够持续发展。这家工厂之前因受一家大型食品制造商打压而倒闭了，其所在地区的经济由此遭受了严重打击，很多人被迫失业。一家巨头公司从遥远的地方毁掉了一个地区，这击中了我的痛点，我不喜欢这种商业之道。我想让工厂重现生机，但不想再步它的后尘。我想把事情做得更好，我不得不寻找新的方法，用新的模式，世界在袖手旁观，我们要靠自己来打拼。

[①] 哈麦迪·乌鲁卡亚（Hamdi Ulukaya）：乔巴尼食品公司（Chobani）的创始人、董事长和首席执行官。乔巴尼是过去10年发展最快的食品公司之一，也是天然食品运动的先锋。

我们势单力薄,只有旧设备,我们甚至都不知道这些设备是否还能使用。我所做的是加强与现实中的人的联系。我相信人的品质,比如握手有重要的意义,你可以信任你的同事,他们反过来也会对你报以信任,所有人都向着同样的目标聚集在一起。这个地方和我成长的地方很相似,我对这里有着类似的情感,我想从大家都觉得重要的方面开始入手,这样每个人都会慢慢喜欢这里。

如何建立信任

杰奎琳·诺沃格拉茨:信任是我们拥有的最稀有的财富,也是最宝贵的财富。学会建立信任和给予信任并非易事,甚至需要练习。我于2001年4月创办了Acumen组织,半年后,"9·11"事件发生了。我领导着一个由4人组成的团队,当时我们正在搬进办公室,就在纽约世贸大厦遗址附近。我问我的团队,"我们现在做什么?"我真的感觉到,这将是一个更应关注团队内部而不是将注意力放在全球的时刻。因此,我把能找到的了解有关塔利班、极端主义和恐怖主义的最优秀的专家召集到一起讨论,有人问:"如果你是总统,你会怎么做？"我毫不迟疑地回答："我会到伊斯兰世界去，找到那些正在建立公民社会组织的人，在那里建立信任和机遇，然后向外界展示这种可能性。"一名赞助商给了我们一张一百万美元的支票，我跑到我的团队成员面前说："我们要从哪里开始做？"

卡尔洛·安切洛蒂：关系建立在相互尊重的基础之上。我先表示尊重，然后再得到回馈。我相信我的球员在场上和场外都会尽力而为。然而，我必须给团队指明方向，因此我需要代表集体的声音。如果我给予的尊重或信任受到侵犯，就需要承担后果。

领导者如何有效地改变员工的行为

约翰·科特[①]：我们所处的世界正在以前所未有的速度发生着变化，如果企业内部的变化速度慢于企业外部，企业就会陷入困境。企业必须改变，其中最复杂的是改变员工的行

---

① 约翰·科特（John Kotter）：哈佛商学院教授、畅销书作家和管理咨询公司科特国际（Kotter International）的创始人。

为。人们的工作、习惯和文化一般会与组织达成平衡。一个组织往往有很多层次、政策和程序，目的是"让列车准时运行"。在这种背景下，很难想出如何适应变化，从改变列车时刻表到像优步这样带来变革的公司。

领导力是让事情变好的必要因素，这需要从人开始。关键是在特定情况下，弄清楚如何让一群人不断向前迈进，领导力关乎对未来的宏伟愿景，让人们朝着一个方向前进。领导力要创造条件，让人们参与其中，赋予人们力量并为他们注入活力，这样大家才可以跟上外部世界的步伐。管理关乎程序，这样才能让火车准时运行。它涉及规划、系统、预算编制系统、组织结构、人力资源等。今天的组织正在努力改变方向，这是因为它们的结构中没有足够多的人担任领导角色。领导力是一系列行动，是一种组织中的任何人都可以采用的行为。领导力有助于企业成为一种社会运动，但如果你对大多数管理人员说这样的话，他们会难以理解。

权力对领导者意味着什么

斯坦利·麦克里斯特尔：权力可以包括职位上的、名誉上的、财务上的许多东西，重点是它赋予了领导者影响力。它让领导者有能力把事情做好，或者强制推行一些可以让更多人愿意去做或效仿的事情。如果观察当今世界哪些人拥有权力，有钱的人占据一定比例，其他许多人或拥有创造力，或掌握追随者资源。权力比单纯下达命令的能力要微妙得多。领导者有能力在共识基础上建立共同意识。这是目前最强大的权力，因为它创造了乘数效应。

理查德·迈尔斯：作为参谋长联席会议主席，这意味着我是美军最高级别的人，人们认为处于我这样的地位会有很大的权力，我从没梦想过权力，也没思量过。我的工作是履行职责，保卫我们的国家、朋友和盟国的安全。为了实现这一点要进行合作，提出更好的想法，制定更好的计划和更好的战略。这是为了照顾我们的人民，并完成任务。当法律认为你是美国最高级别的军人时，人们对此表示尊重。但你不需要对此说什么，只需要完成任务就行。如果人们过度强调权力，他们就会忽略很多使领导者高效工作的因素，包括最关键的关系。谁愿意在一次权力之旅中只是跟随在某人之后呢？没人！优秀的领导者必须找到方法，将自我放在一边，并致力于建立关系、建立信誉和建立信任。

如何进行谈判

马克·库班[①]：当我谈判时，我并不试图取胜，而是努力达到目的。最好的交易是每个人都感觉自己在谈判桌上留下了一些东西，我相信这一点。当我谈判的时候，我会试着了解我正在谈判的生意对手，然后想："如果我是他们，如果我在经营他们的生意，我会追求些什么？什么对我是重要的？他们的数据告诉我什么？他们的组织结构文化是什么？"我试着站在他们的立场上来了解他们的观点。在《创智赢家》节目里，作为观众，你可以看到10分钟的视频，但在实时录制中，可能需要长达2小时的时间，因此你有时间考虑更多。我最擅长的是迅速了解问题的核心。我可以走进任何类型的企业，通过几个问题了解企业，并知道如何改进这些问题——通常是利用技术。《创智赢家》也是类似的程序——我倾听企业家的心声，了解他们业务的核心以及他们的处境。

[①] 马克·库班（Mark Cuban）：美国企业家和电视名人。他是真人秀电视剧《创智赢家》（*Shark Tank*）的主要投资人之一，也是NBA球队达拉斯独行侠队（Dallas Mavericks）的老板。

在我看来，我需要了解他们是谁、他们需要什么、对他们重要的是什么、他们的视角是什么。了解这些让我能够知道他们能做什么和不能做什么的界线在哪里。

经营企业是一个悖论，它同时是你可能做出的最好和最坏的职业选择。在经营企业的过程中，常被提及的是每天都要经历一次冒险，很少有两天的日程安排是一样的，但这为我打开了大门，提供了我从未料到的机会。经营企业也可能是最孤单、最具挑战性、让人身心俱疲和压力最大的工作之一，尤其是当企业状况不佳的时候——这时只有伤痛，没有任何好处。但如果发展顺利的话，我不会做出改变。在我自己的职业生涯中，经历失败的项目比成功的项目更多，但作为企业家，你希望成功带给你的回报超过失败带来的。这不仅是创业的现实，也是领导力的现实：你在任何职业生涯中走得越高，你的决策环境就越复杂，每个决策影响到的相关方、利益方和依属方就会越多，每个决策承载的重要性往往也就越大。期望失败不会发生是不实际的，最重要的是将失败置于身后并从中吸取教训。

在领导力中,失败会发挥什么作用

马克·库班:失败是痛苦的,但你要从失败中学习。我从被解雇的工作中学到的东西比从我喜欢的工作中学到的更多。每次经营失败后,我都会吸取教训。失败多少次无关紧要,你只需做对一次就行。之前的经历是一夜之间取得成功所需要的积淀,人们不会记得你的失败。当失败发生时,你会感觉自己无法行走于人前,你会觉得人们每天都在盯着你、质疑你、评判你。你认为你是个失败者,事实绝非如此。让我告诉你,你的朋友和股东将如何看待你的失败,真相是在不到 30 天的时间里,他们就都会忘得一干二净。想想你所有的朋友,你见过的所有企业家,你见过的所有失败的企业,你几乎都不记得他们的失败了。你当然对他们没有任何深刻的印象,因为你真的不在乎!这就像与一个重要的人分手,那很痛苦,但你最终会熬过来的。

斯坦利·麦克里斯特尔:最近,有一些人问我:"打仗的时候,人们害怕失败吗?"答案有时会让人吃惊。打仗时,士兵们对失败的恐惧远远超过对身体受伤的担心。对领导者来说,对失败的恐惧极其重要。如果你研究许多组织和人的消极行为,你会发现那是他们害怕失败而逃避责任的结果,对失败的恐惧会对组织形成限制。适当地对失败感到恐惧是好事,它会产生一种创造性的紧张感,让人们注重眼前的任务,可一旦你对失败的恐惧超过了对成功的渴望,恐惧就会成为问题。各组织必须对人们进行培训,使他们了解真正的风险是什么,以及如何不被这些风险吓倒。你必须把个人、团队、组织乃至生存的风险都考虑周全,确保你所在组织的人不会害怕失败,不要列出谁失败了多少次的清单,你必须看看谁完成了,谁成功了,并认识到要达到目标需要一定比例的失败。你必须关注谁有所作为,能带来变化,这并不是能拿金钱来衡量的。

克里斯·哈德菲尔德[①]:失败的作用取决于你的团队的目的。如果你在参加国际象棋团体赛,输一场比赛可能会让你和你的团队失望,但并不会造成悲剧。如果你身处一个试

[①] 克里斯·哈德菲尔德(Chris Hadfield):退休宇航员,首位在太空中行走的加拿大人。他曾任美国航空航天局驻俄罗斯主任,执行过3次太空任务,并担任过国际空间站的指挥官。

图与空间站对接的宇航员团队，失败很可能意味着死亡，或者至少会在财务和任务方面带来严重后果。从事风险越高的工作，认识到失败是不可避免的就越重要，因此我们必须预料到失败，并为此做好准备，努力将其最小化，最好能加以规避。我们必须把接受失败纳入我们的领导实践，失败是不可避免的，坦率地说，如果一切顺利，我们就不需要领导者了！同样重要的是，我们要审视围绕失败使用的语言，或许不要称之为失败，更合理的说法是趋于错误，或是与正确背道而驰。理解失败意味着要在平时多加练习。如果消防员在一场真正的火灾中出现混乱，可能会造成生命损失。这就是为什么他们用现实模拟来实操演练、防止错误发生和更精准地理解现实世界。当然，在一个复杂的任务中，即使你经过几十次练习，结果可能也不完美，但是一旦出了问题，你成功的概率将大大增加。在我们的日常生活中，这种情况也会发生。比如心脏病，这是一种常见的医疗紧急情况，在我们生活中的某个时刻，可能会遇到心脏病发作的人，你知道在这种情况下应该做些什么吗？也许通过查询网站，或者参加急救课程，我们都可以为遇到这种情况做好准备。

成功和失败意味着什么

尼科·罗斯博格：我的一生都被成功和失败的恐惧主导。一方面，成功就像毒品，一旦你尝试过了，你会想要更多。另一方面，恐惧是一个巨大的心理障碍，因为它会扼杀你的自信和创造力。所以，我在 F1 比赛期间通过冥想和心理辅导学会了如何处理这些情绪。重要的是要找到平衡，有意识地应对消极的思维模式，并能更有效地控制想法。通过训练，我在这方面做得更好了。当然，现在我对成功的理解和以前不一样了。我已经证明自己可以赢得一级方程式赛车世界冠军。这种感觉将永远激励着我。

卡尔洛·安切洛蒂：对我来说，成功就是我的队伍在比赛时团结一致。当球队变得有凝聚力时，意味着我完成了向球员传递理念的工作。不过，要想在足球比赛中取胜，有许多不可忽略的外部因素，在取胜高于一切时，球队踢得好不好可以被视为不那么重要。不管怎样，我相信把每个球员的期望凝聚成集体的共识，成功的概率就会更高。失败是一个重要的工具，可以用来重新评估和重构想法或过程，它是反馈循环的一个基本要素。失败后应该退后一步，审视你的方法和弱点，及早认识到失败最终会使你变得更加强大。

我们需要重新定义成功吗

杰奎琳·诺沃格拉茨：我们的父母、家人、朋友和教育机构树立的成功观念可能并不有利于我们。全世界都把成功定义为致富、出名和有权力。虽然这样做确实让少数人变得非常富有，声名显赫，权势强大，但对许多人来说并非如此。20世纪90年代末，我在孟加拉国与一位年长的男子讨论过商业活动中的技巧以及如何改革创新。他说："我发现这具有挑战性——我来自诗人世家。"当时受到社会赞誉的是诗人、说书人和知识分子；商人则被视为有些"肮脏"的职业。对他来说，商业是从被视为肮脏转向成功的标志，这种文化方面的转变非常重要。今天，在新冠病毒流行的时候，在商业说了算的地区，我们看到复苏的诗歌和艺术正在同我们对话。人们很容易忘记，是我们创建了制度。如果我们根据共同的人性和可持续性重新定义成功，而不是继续依据金钱、权力和名望的标准,就意味着我们会建立一个让所有人都能迸发出发展活力的体系。

如何建立一种让成功与失败"融合"的文化

苏世民:当你考虑创造的时候,无论是新的投资还是新的企业,都会有风险。成功的关键是要确保你了解和能够管理这些风险。在一个理想的世界里,你不想去冒险。有一个常见的误解是企业家就是冒险者,如果你问企业家,他们会告诉你他们并没有冒险——你为什么要在不会产生作用的事情上冒险?聪明的企业家在创造的过程中实际上在一定程度上抵消了风险。在我们的世界里,很常见的情况是,企业中某个杰出的人会对一个团队或想法提出质疑,以确定某件事是否值得去做。其结果是,你被某个人的观点劫持,而他们可能会犯错。在黑石,我们已经建立了一个模型,该模型在决策中围绕风险管理进行优化。我们有一个8人团队,他们撰写材料描述形势和风险。有一种观点认为如果你消除了所有的风险,那么优势也会消失。团队的原则是每个人都参与其中,没有谁占主导地位,每个人都要参与讨论亏损的风险,和如何避免亏损。我相信不会赔钱——这并不难，但需要保持。

团队本身对项目的成败无须承担责任。每个人都讨论过这个问题，每个人都注意到了风险，如果出了什么问题，90%的风险是已经确定的风险，然而这也意味着我们所有人都错误地评估了这个风险。通过有一个客观的过程，你可以支持你的团队成员，避免指责企业文化，并提供一个非常安全的环境来推动大家参与认知和分析。生活中，你对失败的反应比对成功的反应重要得多。这听起来有悖直觉，但事实确实如此。作为管理者或领导者，你的工作是弄清楚问题出在哪里，并加以解决，确保它不再发生。不要掩盖错误，而是公开谈论它们，这就是建立一个成功企业的方式。

我现在的状态基本上还好，但我已经与焦虑和沮丧斗争了几十年。有时候，我情绪低落，考虑（和尝试）结束这一切。我知道我并不是唯一一个有这种感觉的人——全球每40秒就有1个人在某个地方试图自杀。当写完这句话时，很可能有3个人已经尝试过自杀，其中1个人可能已经成功。对我来说，那是严重的焦虑，可能是工作导致的抑郁。我会尽量避免出现这种问题，因为作为一名首席执行官和公司创始人，你总是被期望能展示出超人的力量和耐力，而且你的精神坚韧程度比普通人要高。在面临不可收拾的局面时，我得到了帮助，并开始了一段本应在10年前开始的复苏之旅。我每年都告诉我的 MBA 学生，他们能运用的最重要的生活技能是韧性。

韧性在领导力中发挥什么作用

乔科·威林克[①]：韧性对领导者很重要吗？当然。你会失败，你会沮丧，你会被拒绝，你会偏离既定路线，所有这些事情都会发生，如果你没有韧性，你就没有能力去做必要的工作，完成你想要完成的任何事情。我从来都不擅长任何事情——我不是一个伟大的运动员，也不是最聪明的人，因此当我进入海豹突击队时，唯一能做的就是努力工作。我可能会面临失败，必须不断努力才行——这是一个我在做任何我想做的事情时自我勉励的习惯。培养韧性是一个决定。在被

[①] 乔科·威林克（Jocko Willink）：美国海军退役军官，曾在海军海豹突击队服役 20 年。他是《纽约时报》评选的畅销书作者，主持每周播客"乔科广播"（*Jocko Podcast*）。

拒绝后,你的决定是什么?你可以去敲另一扇门,或者蜷缩起来哭泣。我的建议是,你去敲另一扇门,然后再试试。我并不是说你不会觉得自己想蜷缩着哭泣,如果你想的话,就去哭,一旦你哭完了,就起来去敲那扇门,继续尝试,这就是韧性。我敢肯定,有些哲学上的深奥的演讲会让人思考如何培养韧性,建立韧性的简单诀窍是:站起来,去做你需要做的事,完成这项工作。

生活方式对心理健康有什么影响

格林教授[①]:生活压力在增加,大家承受的压力也越来越大。我们先天对压力有两种反应:战斗或逃跑。这是因为我们是由我们的狩猎采集者祖先进化而来的,当年他们就要面对这些和生存直接相关的问题。现在,我们面临关系压力、工作压力、朋友压力、家庭压力、财务压力、抵押贷款压力、食物压力,很多人需要应对大量压力,人们不得不花时间来

---

① 格林教授(Professor Green):真名史蒂芬·曼德森(Stephen Manderson),英国说唱歌手、词曲作者和电视名人。他是英国《假唱大作战》(*Lip Sync Battle UK*)的联合主持人,写过一本畅销书,是防止自杀慈善机构 Calm 的赞助人。

应对他们所经受的这些压力,这可能在现在和未来给我们造成严重的健康问题。

为什么商业文化会忽视睡眠

阿里安娜·赫芬顿[①]:对少睡觉的美化深深植根于我们的文化中。无论你身在何处,少睡觉都得到赞美,从"你打呼噜了,你输了",到非常勤奋的人自诩"死后自会长眠",当今世界对成功有一种极其错误的定义,认为只有通过不知疲倦的工作才能成功。另外,全天候在线的世界中充斥着干扰和诱惑,前所未有地危害了我们的睡眠。这种危险可以追溯到工业革命时期,当时睡眠成为另一种可以被尽可能多地利用的商品。

我们的工作日,特别是下午,总会带上一丝生存主义的色彩,我们不禁要问自己,怎样才能熬过这一天剩下的时候,萎靡不振地跋涉,路途上布满了会议、电子邮件和不断扩大

[①] 阿里安娜·赫芬顿(Arianna Huffington):《赫芬顿邮报》(*The Huffington Post*)的作者、专栏作家和创始人,也是一家领先的改变行为技术公司 Thrive Global 的创始人和首席执行官。

的待办事项清单。因此，我们就像瘾君子一样把通常是不健康的高咖啡因食物藏起来，我们考虑什么时候喝下一杯咖啡或者吃下一颗糖。但还有其他选择：与其去拿我们的第 5 杯咖啡或第 3 个甜甜圈来熬过午餐后的休息时间，不如考虑小睡 20 分钟或 30 分钟。有些商界人士将睡眠等同于懒惰或缺乏敬业精神，或许这些人可以通过观察在实用主义至上的世界中正在发生的事情来认识到睡眠的好处。在体育界，成绩和获胜意味着一切。而对职业运动员来说，睡眠与精神状态、工作与生活的平衡，甚至是健康和福祉都没有关系，只与成绩有关。他们只在意什么是有效的，在意如何利用一切可用的工具来增加获胜的概率。

你从 F1 的职业生涯中学到了什么

尼科·罗斯博格：我在 F1 学到了很多东西。最大的收获当然是能够最大限度地发挥我自己的潜力。自从开启运动生涯以来，无论是通过精神训练、营养控制、冥想还是健身课程，我采用了很多自我优化和自我发展的方法，这在竞技体育之外也非常有用。例如，退役后我重新开始冥想，冥想在我的夺冠过程中发挥了巨大作用，但后来我中止了，因为缺乏动力。从那以后我的精神力量明显消失了，并且永远不会再以同样的形式出现。但我慢慢地把冥想重新引入日常活动中，我能感受到它给我带来的好处。作为一名赛车手，我总是非常严谨自律，现在的生活也是如此。今天早上 8 点 30 分，我陪女儿一起做 1 个小时的功课，在此之前我已经冥想和锻炼了 1 个小时。这些都是我从 F1 赛车生涯中学到的东西。

如何从逆境和挑战中学习

谢丽尔·桑德伯格[①]：我们必须知晓我们的逆境，提出问题并承认它们。如果我们从不谈论挑战和困难，我们就永远也不能从中吸取教训。在公司里，总会有出错的时候，每个人的本能往往是把事情弄得一团糟。我们的文化是掩盖问题，作为个人和公司都是如此，许多创新和技术使我们能够做到这一点。但我们必须努力制止犯错误的行为。

[①] 谢丽尔·桑德伯格（Sheryl Sandberg）：Facebook 首席运营官，也是 LeanIn.Org 网站的创始人。她是一位慈善家，也是首位在 Facebook 董事会任职的女性，被《时代》周刊评为世界上最具影响力的人之一。

逆境如何塑造我们

谢丽尔·桑德伯格：当我在演讲时，我总是对听众说："如果你听说过创伤后的压力，就请举起你的手。"很多人都将手举了起来。而当我说："如果你听说过创伤后的成长，就请举手吧。"没有人把手举起来。但数据非常引人注目，创伤后的成长要比创伤后的压力更为普遍。

我们在生活中都面临着大大小小的挑战，不可避免地需要具有恢复的能力。公司在进行改革的时候也要不断重整旗鼓，真正的问题在于：我们如何培养自己和他人的韧性？企业也必须认识到，韧性是由员工共同建立的。我们可以做到，我们必须做到——而且我们必须做到有条不紊和目标明确。

为什么在紧张形势中保持对立的道德感或文化价值观很重要

杰奎琳·诺沃格拉茨：纵观历史，社会上的道德准则往往是从某个更高的权力机构传下来的。这或许创造了强大的集体，但却要以牺牲个性为代价。今天，我们的个人主义感越来越强，以至于失去了归属感。我们已经失去了共同的理念，这就是为什么我们必须运用道德想象力来理解他人的信仰体系和文化，而不是想当然地认为某人就要比其他人强。我们必须审视道德和文化差异，针对我们共同的尊严和不可改变的价值观做出原则性的决定，并意识到一人的行为会影响他人以及所处的环境，并有可能成为现实。这不是道德相对主义，你可能会说，有的企业文化重视荣誉甚于诚实，因此腐败在道德上能被接受。在一个相互依存的世界中，腐败等行为必定不能得到普遍认同。但在其他领域，你会发现有些价值观被一个群体认为极为重要，你必须引导这些价值观。

眼下，我们的社会正在健康与经济之间做出选择。这不是非此即彼的选择，我们必须超越那些障碍。看看我们如何以这样的方式对待对立的真相，以便我们能够透明、真实地做出艰难的决定。这不是说你是对的，也不是说我是错的，而是关于如何找到一个我们可以达成共识的真相。

领导力是天生的还是后天造就的

克里斯·哈德菲尔德：进化的随机性意味着每个人天生都有优点和缺点，每个人、每只狗、每棵树都是如此。诚然，有些人可能倾向于希望扮演某种领导角色，而另一些人则不然。没有人能在担任领导方面表现得完美无瑕，也没有人生来就是当领导的料。我们都是潜在的领导者，这意味着我们可以在领导力方面不断改进，做得更好。你经常会发现，在极端情况下，比如在火灾中，或者是出现有人需要紧急医疗的情况下，我们发现了自己也许从未掌握过的领导才能。领导力就是要愿意实行变革，这意味着要说"好吧，我要为改变某种东西负责"，这种改变可能会给你的生活带来某种独一无二的东西，或者会带来某种影响无数人的东西。

最初对领导力产生兴趣时，我还只是个十多岁的少年。我当时认为，领导者能以其所希望的方式带领人们完成任务，这是一种行为的艺术。我不是生来就想以任何方式当领导者的。和所有人一样，不断地阅读和观察，这几乎是我所经历的全部训练。通过观察出色的和平庸的领导者，通过自我审视来决定人生中值得坚持的事情，我成为一位领导者。我们内在都有领导力，这是领导力的动人之处。不管你是8岁还是88岁都能做到这一点，没有年龄的限制。

在我撰写本文之际，经济和社会正面临和平时期最严峻的挑战：新冠肺炎大流行。从商业角度来看，英国和全球市场陷入停滞，大多数企业面临不确定性、压力和异常波动。作为领导者，你不可能在这样一个时期做出长期的战略决策。你必须调整自己的领导方式以应对危机，并与你的团队一起制定下一个最佳方案，而不是为团队做出最佳的战略决策。

领导者如何处理不完整的信息

乔科·威林克：我不做宏大的决定，而是尽力做出我能够做出的、方向正确的最细微的决定。如果我想知道门后面是否有人，我不会一下子把门打开，而是会后退一步，把门打开一点，借着光往里瞅瞅。我看到里面有什么了吗？如果没有，我也许会再把门打开一些。最终，在进入房间之前，我会先把门开到一个几乎可以看清整个房间的程度。这样我可以看清那里是否有陷阱、绊网，当我做了这些之后，最后我可以走进房间，看看里面有什么。

做决定使我看起来很有决断力，但实际上我做出的只是一些细微的调整。在商界也是如此。如果你想开拓一个新的市场，你不能一下子去买下3栋楼并雇用100个人。你应该先从租1个小摊位开始，然后是2个，再加到3个，接着可能是你租用了1栋楼，再就是买下1栋楼。你不能随意地跳进一个领域。要想在决策上取得成功，你就必须做出迭代的决策和细微的决定。在你前进的方向上，你可以先对一些小事做出决定。

克里斯·哈德菲尔德：领导者经常要在信息不充分、不完整的情况下工作。没有人能获得做出决定时所需的所有信息，因此你的个人能力是关键，你需要具备根据不完整的信息进行判断的能力。以一艘航空母舰的舰长为例，在任何特定的时间，舰长候选人们都不必掌握所需的全部信息，但他们也不会随机被派去指挥那艘航母。等到他们掌管一艘载有许多生命的、价值数十亿美元的航母时，他们已经拥有丰富的实践经验、技术经验和学术经验，能够在需要的时候做出决定，比如是否改变航向、是否收回舰载机以及怎样排除威胁。

作为领导者,你必须对自己的能力感到不满,对学习和自我完善有无尽的欲望。通过努力学习,你能在考试中取得满分,但如果你在6个月后进行同样的考试,你可能就无法再次取得这个分数。你可能会遗忘知识点,试卷结构可能会改变,考试规则可能会改变,或者你也可能会改变。没有任何制度是一成不变的,你越是年长,围绕技术知识和领导能力坚持不懈地自我提高就显得越重要。

在空间站工作期间,我记得发生过一次液氨迅速向太空泄漏的事故。我们需要在非常短的时间内做出大量决定,我们需要在航天器所需的主要冷却剂漏光之前解决这个问题。我们没有足够多的信息,因此不得不根据多年的准备和经验匆忙制订计划。飞船上的每一个人都是合格的宇航员,我们的整个职业生涯都有不断学习的制度,因此我们拥有解决一个无法避免的重大问题所需的理解能力和技能。即使我们所有的训练都不能绝对保证能够解决这个问题,因为这不是曾模拟过的场景,但正是因为有过训练和专业准备,我们才得以在创纪录的时间内对飞船进行修复。

理查德·希里夫:指挥官的核心职责之一是面对不完整的信息,必须及时做出正确的决定。这是一个领导者通过训练、教育,以及最重要的经验而获得的能力。你形成了直觉,这种直觉在需要的时候能发挥作用。军队有一个原则,那就是除非你证明自己拥有超越本级别的能力,否则你不能进入上一级的领导层并承担相应责任。因此,作为军官,你的第一个任务是指挥一个由30名士兵组成的排,然后积累更多的经验,进行更多的训练,接受更多的教育,你也许会指挥一个拥有四个排的连队。假以时日,你可以指挥一个营或一个团,它有四五个连队。如果你证明了自己的能力,你可能会成为负责四五个团的旅长。你总是要在不同层面证明自己。作为领导者,我们需要思考、训练和接受教育,但实践至关重要,这与成为伟大的企业领导者直接有关。我认为这对士兵或任何部门的任何人来说都是如此。

商业在社会中发挥什么作用

哈麦迪·乌鲁卡亚:我认为商业的作用是提升人性,推动人们向前发展。我真的相信这一点,企业能创造出新产品,这些产品能影响社区,影响到相关的人以及我们所处的环境。我小时候听说企业只为股东赚钱,不管是他们的员工、所在社区还是环境则都会遭殃。我从小就讨厌这个想法，也不想成为我讨厌的那种人。我自己在过去10—12年里的经验是，商业是一个能让世界变得更好的平台，能促使各个方面都变好。

领导力并不是站在前沿阵地发号施令，而是让团队变得坚强和团结。在许多方面，领导者是团队的黏合剂，使团队朝着目标前进，或在危机中前行。最伟大的领导者也具有一定的谦逊之心和自知之明，这使他们能够了解自己的长处和弱点，对失败做出有建设性的反应，也许最重要的是，能够努力组建起一支有韧性的团队。

正如约翰·科特所解释的那样，领导力是把一群人聚集在一起，在某种环境或背景下，以一种统一的方式向前迈进的能力。这听起来很简单，但实际上非同寻常。作为个人，我们信任少数人来领导我们，这是进化过程中的一个令人难以置信的副产品，如果没有这一点，我们就几乎不可能从小股的游牧部族中发展出文明。

然而，要真正理解领导力，我们就必须重新认识到，我们是非常聪明的人，但同时又是作为部落动物的人。我们有能力采取行动来指导自己的行为，但生活在一个结构复杂的社会中，我们需要作为一个团体进行合作，而且往往是进行大规模的合作。本章中的几位军事专业人士，都看到过领导力在战争这种最极端环境下发挥出的作用。他们不仅描述了领导力对人类的处境有多么重要，而且描述了领导者深深懂得他们所承担责任的重要性，这样才能确保彼此沟通顺利，并决定在他们领导下的人接下来会做什么。如果所有人都追求各自的目标，则可能会导致组织瓦解，我们能找到的最有效的解决这些问题的方法，就是让领导者作为权威的中心。

因此，我们个体的需求与我们作为社会中的一员的本质之间的矛盾得到了解决。多元化意味着我们不是一个单独的部落或某一独立群体的成员，而是家庭、种族、经济组织、大学、企业、友谊赛、运动队等的成员，所有这些组织都是围绕共同目标、愿景和利益的。从科学和文化的飞跃到战争和暴行，人类塑造、领导和指挥的能力的这种本质，一直是人类每一次重大进步和倒退的核心。正是在领导者的带领下，我们实现了在月球上行走、抗击疾病、提高数十亿人的生活水平。

04　创业：创造者和制造者

我相信所有人都具有成为企业家的品质,这种品质存在于我们的 DNA 中。

——穆罕默德·尤努斯

直到我被人称为创业者,我才知道这个词究竟是什么意思。当时我 15 岁,坐在学校的教师办公室里。不过不是在那里被训斥(也许那是我出现在办公室的最多的原因),而是当时正在接听当地记者的电话。那是学校组织的一次活动,因为他们发现我从大约 14 岁时就一直在悄悄做生意。那名记者问我:"作为一名年轻的创业者,感觉怎么样?"我当时感到惊慌失措!"创业者"这个词是什么意思?幸亏有老师来救场,老师在我面前的一张纸上潦草地写了一行字,"它的意思就是商人!"

事实上,创业绝不仅仅是"只是什么"的问题。在我看来,创业者和商人之间的差别主要在于创业的精神、规模和影响力。从白炽灯泡到智能手机,我们日常生活中哪项成就不是由一位有着伟大创意的企业家创造的。以微软前首席执行官史蒂夫·鲍尔默为例,他是微软公司招录的第30名员工,是比尔·盖茨(Bill Gates)雇用的首位商务经理人,也是一位实力雄厚的企业家。微软的发展建立在每个家庭都应该拥有一台计算机的理念之上,为实现这个目标,微软发展成为一家全球性企业,给我们生活的方方面面都带来了革命性变化。实际上,微软的操作系统是建立在早期技术革命的基础上的。

创业者也是领航者。他们在航程中也并非一帆风顺,有时也需要逆流而上。美国在线的联合创始人史蒂夫·凯斯发现了新的风向,既降低互联网服务成本,也增加了对互联网服务的需求;他也遇到了逆流,即监管规定和企业竞争对手。他创建了美国在线,该公司在20世纪90年代真正实现了互联网服务。如今,互联网发展的势头比以往任何时候都更强劲。计算机的处理能力、软件性能、硬件和连通性正在呈指数级增长,这使得企业家能够以前所未有的速度扩大商业规模。其中的"五大公司"是这种加速发展的最大受益者，在2010—2020年的10年里，Facebook、苹果、谷歌、亚马逊和微软这五家公司的员工人数从19.6万人增加到125万人以上。仅亚马逊这一家公司，截至2020年3月，其市值约为1万亿美元，超过了沃尔玛（Walmart）、百思买（Best Buy）、梅西百货（Macys）、塔吉特（Target）、开市客（Costco）、盖璞（Gap）、家得宝（Home Depot）、星巴克（Starbucks）、富特洛克（Foot Locker）、欧迪办公（Office Depot）和杰西潘尼（JC Penney）的市值总和。技术让企业规模扩张得比人类历史上任何时期都更快、更大。以前企业扩张可能需要整整一代人才能做到，现在一些企业在短短10年内就能完成。从电灯泡到智能手机，从对我们非常重要的药品到一些我们最喜欢、最普遍的日常必需品，几乎每个人都不缺乏创业的基础，只要是一个富有创造力和前瞻性的人，就有将其想法变为现实的远见、韧性和执行能力。

在本章中，我们将遇到一些世界上最有趣、最具影响力和最激励人心的创业者。从技术开发到零售，从医学到工程，这些人建立并经营着数十亿美元的生意，他们自己变得非常富有，并创造了数万个就业机会，对世界产生了极大影响。有些人家喻户晓，有些人你可能从来没听说过，但他们都取得了大多数人难以实现的成就。当我与这些企业家交谈时，我总是想从一个根本性的问题开始对话，即创业到底是什么。所有与我交谈过的人在他们的职业生涯中都曾被描述为创业者，但我坚信"创业是什么"的经验和本质不仅是客观的，还会因行业和背景的晚不同而有所不同。我遇到过在经济衰退期间奇迹般地建立起企业的企业家，他们当时除了创业别无选择；我也遇到过其他一些具有重要"灵感狂潮"的人，他们在出现灵感时，就会紧紧抓住灵感不让它溜走。

创业意味着什么

理查德·布兰森[①]：创业就是要敢于冒险，勇于突破，不怕失败。我倾向于凭借直觉和个人经验创业。如果我依靠会计师来做决定，我肯定永远不会创立航空公司，肯定不会发展太空业务，当然也不会进入我现在从事的大多数行业。回过头来看，创业似乎对我非常帮助很大！

[①] 理查德·布兰森（Richard Branson）：英国企业家、投资者和作家。他是维珍集团（Virgin）的创始人，该集团控制着多个领域的 400 多家公司。

李彦宏①：我有强烈的欲望去做我喜欢做的事情。我认为，无论是与生俱来的，还是后来涌现的，创业的欲望只有在激情和能力的交叉点上播下种子，在你所热爱的东西与你真正擅长的东西之间出现交集时，才会结出果实。

詹姆斯·戴森②：作为企业家、发明家，你需要有想法，有坚持到底的毅力。作为发明家，你的想法应该建立在问题的解决方案之上，这个解决方案的重点强调功能而不是形式。当我开发世界上第一台无袋真空吸尘器时，我知道我的想法是在解决一个根本问题。不出所料，其他真空吸尘器生产商不赞同我的方案。但我坚持了下来，克服了重重困难，以我个人的名义研发技术并开始制造。这是所有创业者都需要的品质：坚持自己想法的能力，以及使想法变为现实的动力。

---

① 李彦宏（Robin Li）：中国软件工程师和企业家、百度公司创始人。2020年，百度是全球第四大最受欢迎的网站，仅次于谷歌、Youtube 和 Facebook。
② 詹姆斯·戴森（James Dyson）：英国发明家和企业家、戴森公司创始人。他以在革新真空吸尘器方面所做的贡献而闻名，并因家用电器而获得许多设计奖项。

穆罕默德·尤努斯[①]：创业者有发起者、生产者、风险承担者和组织者等多重身份，创业者要对自己的成功充满信心。在传统企业中，企业家希望获得个人收益。从传统的商业意义上说，利润是衡量一个人是否成功的标尺。在社会型企业中，企业家希望以财务上可持续的方式解决人类的问题，而不是从中获取个人利益。当业务成功时，他会收回投资资金，但之后就不再需要股息分红，而是留下足够资金让公司发展。我相信所有人都具有成为企业家的品质，这种品质存在于我们的 DNA 中。

基兰·玛朱姆达-肖[②]：创业实际上是雇用自己，创造自己的事业，开启自己的就业旅程。它始于你商业化的想法，你要认识到这将是一个极具挑战性的过程。创业不一定是每个人的想法，但你可以将这种想法播种在人们的头脑中，它会成长为让人们非常兴奋的东西！但这并不意味着人们生来

---

① 穆罕默德·尤努斯（Muhammad Yunus）：社会企业家、银行家和经济学家。他曾由于他的工作多次获奖，2006 年，他因在孟加拉国建立格莱珉银行（Grameen Bank）和启动小额贷款和小额融资的革命性概念而获得诺贝尔和平奖。

② 基兰·玛朱姆达-肖（Kiran Mazumdar-Shaw）：印度企业家、生物技术公司 Biocon 公司的主席和董事总经理、印度管理学院的前主席。2019 年，她在《福布斯》"世界上最有影响力的女性"排行榜上位于第 65 名。

就能当企业家，我从没想过自己会经营一家企业！我总是说自己是一个意外的创业者，实际上我对酝酿中的事业充满热情。环境往往是人们成为创业者的一大重要因素。

N. R. 纳拉亚纳·穆尔蒂[①]：创业主要是指一个人利用自己的想象力、梦想、胆量、牺牲精神和激情为社会创造就业岗位，为自己及同事创造财富，为国家经济繁荣贡献力量。创业是为了改变世界。

托里·伯奇[②]：创业就是你注意到市场上存在一片空白，并且有能力围绕它建立一家企业。直到有了公司并开始发展，我才意识到自己是创业者，但回过头来，我看到自己在职业生涯中所做的每一件事情都是充满创业精神的。这也是弄清自己的长处和弱点，并以自己为中心组建一支优秀团队的机会。

---

① N. R. 纳拉亚纳·穆尔蒂（N. R. Narayana Murthy）：印度软件企业家、科技巨头印孚瑟斯技术公司（Infosys）的联合创始人。他被《财富》(*Fortune*) 杂志评为当代十二位最伟大的企业家之一。
② 托里·伯奇（Tory Burch）：美国时装设计师、女商人和慈善家。她是时尚品牌汤丽柏琦（Tory Burch）的执行主席兼首席创意官。

史蒂夫·凯斯[①]：从广义上讲，创业是为了对世界产生积极的影响。创业者是引发变革、创新和影响力的关键环节——他们挑战现状，提供更好的产品和服务，围绕这种理念建立团队，真正产生积极影响。创业固然关乎企业，但其核心是创新和人才。

杨致远[②]：对我来说，创业意味着担负起一个共同的、强有力的使命，去创造某种东西，来影响或改变世界。虽然研发一个伟大的产品或创建一家伟大的公司非常重要，但我最珍惜的是实现这个目标的旅程。我在创业之旅中最享受的部分，是组建团队过程中的起起落落的经历。没有什么比建立一支有着和自己同样强烈的热情和信念的团队更棒的事了，这个团队能在旅程中和你一道经历成功和失败。我天生有一种冒险精神，作为企业家，通过努力工作和与团队相处，我也学到了很多东西。

[①] 史蒂夫·凯斯（Steve Case）：美国企业家、投资者和商人。他曾任美国在线首席执行官和董事长，以支持移民改革而闻名。
[②] 杨致远（Jerry Yang）：企业家、计算机程序员、雅虎的联合创始人和前CEO，以及 AME 风险投资公司的创始人。

杰克·韦尔奇[①]：如果你是创业者，你就具有创业方面的某种 DNA 和某种精神。作为一名企业家，如果你有了一个想法，你会竭尽全力去实现它。你会发现每天都是新的旅程，有攀登，有滑落，每分钟都有惊喜。我不认为创业仅限于医生或律师这样的职业。我在创业过程中遇到了很多人，当我问他们想做什么时，他们的回答是"企业家"。创业是你的 DNA 中的某种东西。如果你有一个想法，并且有热情让它最终实现，那么你就是一名企业家。我敢肯定的是，不是每个人都有这种 DNA。

史蒂夫·鲍尔默[②]：有两种创业方式让人争论不休：开创新公司，或者在公司内部做一些变革。在我看来，这可以归结为同一类事，无论背景如何——大公司也好、小公司也好，非盈利也好、盈利也好——你都会看到一种新模式，让你相信你正在做别人没有做的事，你会调动全部能量、开动脑筋并做出承诺，把其他人吸引过来一起成就某件事情。这样做是有风险的，风险也是创业的一部分。不过有很多方法可以做到这一点，不必非要成立自己的公司。

---

① 杰克·韦尔奇（Jack Welch）：美国企业高管、化学工程师和畅销书作家。1981 年至 2001 年担任通用电气公司（General Electric）的董事长兼首席执行官。
② 史蒂夫·鲍尔默（Steve Ballmer）：商人和投资者，曾在 2000 年至 2014 年担任微软首席执行官。他也是目前洛杉矶快船队（Clippers）的老板。

丹尼斯·克劳利[①]：我真的不喜欢创业者这个词，因为我觉得这意味着你只是为了创业而成立公司。我认为，如果你想在这个世界上看到某种不存在的东西，那就去把它创造出来吧。如果这意味着你必须建立一家公司的话，那就这样做吧。我曾做过很多次演讲，在台上总是被介绍为创业者。通常我展示的第一张幻灯片是引用 Reddit 联合创始人亚历克西斯·奥哈尼安的话，他说："创业者是一个法语词汇，意思是'有想法，就去做'。"实际上这不是个法语词，但我喜欢亚历克西斯的解释。

何塞·内维斯[②]：我觉得我一直具有创业精神。8 岁那年的圣诞节，我得到了一台电脑。电脑上没有电子游戏，只有编程手册。我开始编程，并发现了第一件让我有热情做的事：开发软件。1993 年，也就是我 19 岁的时候，我开始了第一笔生意。它是一家"软件公司"，为企业编写软件。一家来自葡萄牙北部，有着悠久的制鞋历史的家族企业成了我的客户。

[①] 丹尼斯·克劳利（Dennis Crowley）：互联网企业家。他是 Foursquare 和 Dodgeball 的联合创始人，也是纽约半职业足球队纽约金斯顿斯托克德足球俱乐部（Kingston Stockade FC）的创始人。
[②] 何塞·内维斯（José Neves）：葡萄牙商人，也是全球奢侈品时尚平台发发奇（Farfetch）的创始人。

时尚公司进入我的客户名单，我也找到了第二件让我充满激情的事：时尚。最终，我成了一名鞋履设计师、一家精品店的老板、一个贸易展会的组织者，这一切都和时尚沾边。我爱上了这个行业，这里的人员、场所和创造力让我着迷。时尚业拥有工艺、创意和伟大的设计，以各种形式来展示美。但时尚不是用来摆设的艺术品，它应该被人们穿戴。在穿戴着那些时尚产品的时候，你一整天的心情也会发生改变，这些产品帮助你向世界展示你自己希望被看到的样子。

加里·维纳查克[①]：要想成为创业者，你需要热爱创业过程并享受逆境。如果你喜欢整个过程，能在逆境中感受惬意，如果你热爱这段旅程甚于追求成功和财富，那么你就拥有成为一名成功企业家所需的一切。

创业精神是立足之本，每个人都想成为创业者中的一员，但事实是创业很困难，几乎每个人都会失败。你必须承受得住打击，必须无惧冲突，必须有极大的耐心。这就是创业的条件，创业不是玩玩而已。

[①] 加里·维纳查克（Gary Vaynerchuk）：白俄罗斯裔美国企业家、畅销书作者。他是 Resy and Empathy Wines 的联合创始人、VaynerX 董事长兼范纳媒体（VaynerMedia）首席执行官。

或许你经常听到有人说创业精神是与生俱来的，就像伟大的艺术家拥有天赋那样。在我与成功的创业者的各种谈话中，也发现了这种观点。根据我的经验，虽然很多创业者的心理都有共同特征，包括自我驱动、创新性、控制力、渴望成就、开放、外向、随和，但也有一系列外部因素可能发挥更重要的作用，包括理念、时机、市场条件、足够的资金，以及人们并不经常提到的文化层面的创业精神等。我父亲是一名小企业主，他在曼彻斯特做服装面料生意。在我很小的时候，我就揭开了商界的神秘面纱。在印度侨民的观念中，创业精神是文化中根深蒂固的一部分。在印度裔家庭中长大的人，很早就已接触商业，也许这就为他们进入商界提供了一些必要条件。

创业者在经济社会中能发挥什么作用

理查德·布兰森：我坚信应该鼓励那些有能力提供帮助的人创业。对企业家来说，培养人才，提供冒险和投资的机会是非常重要的。越来越多的大企业为了更大的利益需要在社会中发挥自己的作用。我们都可以发挥作用，这在商业上是有意义的。事实上，消费者要求商家担负起责任来。

李彦宏：在我们所生活的世界中，创业在促进变化方面发挥着绝对必要的作用。通过创建新的企业和开辟新的市场，创业者成为历史上变革的真正推动者，这是几百年来一直在发生的事情。作为创业者，你有特定的视角和动力去了解未来会发生什么。在试图预测未来的过程中，创业者是未来的主要实施者。创业者的作用是预测人们在未来想要什么，并改变人们的思维和行为方式。他们现在是，并将继续是决定未来世界的重要力量。

詹姆斯·戴森：当今世界面临交通运输、自然灾害、资源分配、全球化等问题，而工程师和发明家具有解决这些问题的优势和技能，进而有影响世界和经济的潜力。出口全球所需的技术能够提振经济，这些技术掌握在工程师们的手里。

穆罕默德·尤努斯：创业者是创新者。那些看到机会的人有一个共同点：当他们看到机会的时候，就会牢牢抓住机会。创业者们以各种方式看到了这些机遇。以盈利为导向的企业家通过机遇为自己赚取利润，他们当中有些人根本不在乎自己的生意会对社会产生什么样的负面影响。但有些企业的确在意负面影响，希望避免从事此类业务。有些人想在为人类和地球提供有用的产品或服务的同时赚到钱。社会型企业家找到了解决社会问题的方法，将失业等问题都留给政府去解决，虽然人们对解决这类问题从来都不抱多大希望。

N. R. 纳拉亚纳·穆尔蒂： 创业者对社会的贡献是多方面的。首先，创业精神的力量为社会增加了价值。创业者的想法可能会降低某种产品的成本、缩短产品的生产周期、提高工厂生产效率、提高人们的生活质量，图书、音乐和视频等给人们带来了新的、更便捷的娱乐方式。其次，创业者创造就业机会。他们利用自己的想法为人们带来条件更好和收入更高的工作。因此，创业者为社会带来了繁荣。在促进社会繁荣的同时，创业者不仅会在自己的公司、部门或行业中创造就业机会，还会在相关的第二和第三产业创造就业机会。我不知道有哪个社会在没有创业者精神的情况下，会变得繁荣。最后，创业者通过实现自己的梦想来展示勇气、承担风险和改造周围环境，并使自己成为社会的榜样。

托尼·奥·埃鲁梅鲁[①]**：** 我认为创业者和其他私营部门的经营者一样，有义务将他们的聪明才智用于改善社会环境，就像改善他们的财务状况那样。我管理着非洲的一个资本机构，这意味着我的企业在为股东和社会创造价值。我很高兴地看到，全球领导者现在一致认为，企业家不能等同于慈善家，他们只是以渐进的可持续发展的方式来改善人们的生活。这就是为什么联合国将促进发展作为导向，将有关企业家精神的政策列入 2030 年可持续发展议程。在许多发展中国家，紧急事件和有限的资源可能会压倒政府系统，而私营部门以其独特的地位，可以调动资本的力量，实现持久、积极的社会转型。公司与社区之间的关系是共生的，在帮助提高周围人的生活水平的同时，这些创业者也能让他们的企业从中受益，包括拥有可支配收入更多、身体更健康、受教育程度更高的潜在员工群体等。

[①] 托尼·奥·埃鲁梅鲁（Tony O. Elumelu）：尼日利亚经济学家、企业家和慈善家。他也是非洲联合银行赫里斯控股有限公司（Heirs Holdings）董事长，托尼·埃鲁梅鲁基金会创始人。

对一个创业者来说关键的推动因素是什么

理查德·布兰森：创业是激情、远见、创造力和冒险精神的结合。我曾在很多场合说过，创立新企业的原因不应该是为了赚钱！你需要对这件事有热情，并打算有所作为。

李彦宏：我认为，那些只是为了赚钱而创立公司的人是不可能成功的。创业不是你每天起床后赶着去上班那么简单。创业必须有更高的追求。就我而言，我认为我有能力掌握新技术并加以实施，从而在增加让普通人获得信息的机会方面带来真正的改变。我知道以最简单、最便捷的方式把人们与信息联系起来，会对世界产生巨大的影响，这不是一个抽象的愿望。金钱只是后来才考虑的问题，促使我做出创业决定的是，我希望在一个亟须改变的领域有所作为，我认识到自己是加入并应对这一挑战的正确人选。

穆罕默德·尤努斯：我只在谈及个人利益驱动型企业的情况下使用"创业"这个词。对于社会型企业，我将使用

"社会创业精神"这个词。两者都是开创型的企业,但类型不同,结果也不一样。一种是自私的创业,另一种是无私的创业。正是这种无私的创业精神引领社会、经济和环境实现可持续发展,并在世界现有居民和所有子孙后代之间创造一种平衡的新文明。

奇普·威尔逊[①]:创业者们早上起来,都会被一种力量驱动,因为他们知道未来在等着他们去创造。当财富真正到来时,你会意识到这能为你赢得时间——你可以雇用一名执行助理来完成你的日常工作和任务,你则把更多的时间花在更高的追求上。你变得越有钱,可能会越关注喷气式飞机、专职司机之类的东西,但最终,你需要腾出时间来完成你想要完成的一切。

穆罕默德·尤努斯的观点和其他企业家的观点形成了鲜明的对比。尤努斯是社会型企业领域的先锋,他创建了格莱珉银行,并帮助数百万人通过金融资助脱贫,2006年,他因在这方面的成就而获得诺贝尔和平奖。一家营利性的企业也

---

① 奇普·威尔逊(Chip Wilson):商人、慈善家、露露柠檬(Lululemon)的创始人,他被广泛认为是"运动休闲"潮流的幕后推动者。

可以具有强烈的社会责任感。对许多企业来说，传统的模式是赚钱，然后再做善事。但现在，企业越来越意识到，赚钱和行善这两条路可以并行不悖。你不能放弃自己对社会、环境、文化和人文的责任，而只一味追求利润。

纳文·贾恩[①]：人们用不同的方式衡量成功，但不管是比尔·盖茨还是特雷莎修女，他们都有一个共同点，就是他们有能力走出去，对亿万人民的生活产生积极影响。成功不在于你在银行有多少存款，而在于你能对多少人的生活产生积极影响。社会企业家的整体观念对社会产生了影响。在我看来，"社会企业家"这个词类似于一种褒奖，就像说："你可能是一位优秀的企业家，所以让我们给你颁发一个安慰奖。"创业是有社会意义的，我们都是社会型企业家！

史蒂夫·凯斯：想到一个好主意并大力执行，使每个人都能从中受到影响，这是创业者的巨大动力。30年前我们创办了美国在线，当时只有3%的人能上网。我们一直认为如果

[①] 纳文·贾恩（Naveen Jain）：商业高管、企业家、InfoSpace公司的创始人和前首席执行官、Moon Express的联合创始人和执行主席、Viome公司的创始人和首席执行官。

每个人都能上网,世界会更美好,于是我们就着手实现这个理想。我们花了10年时间才取得进展,但我们的出发点是,生活在一个更加数字化和相互联系更紧密的世界对社会来说是一件好事。我们的动机在一定程度上是为了发展我们的企业,但在一定程度上也是为了建立互联网这种新媒体。我们在不少参与进来的创业者身上看到了同样的精神。这不仅仅是建立了一家企业,它真正对世界产生了影响。

威廉姆·亚当斯[①]:我从来没说过,"嘿,伙计,我们会有钱的!"对我来说,金钱从来都不是诱惑因素。如何不断向前推进、有所作为,这才是激励我的原因。我总在想"下一步是什么",当"黑眼豆豆"刚完成在超级碗的演出,或者刚刚结束了3个晚上的体育场巡演之旅后,我会说,"好了,伙计们,下一步是什么?"每个人都想,"啊,伙计,为什么不放松一下?"但我会想,"拜托,我们不仅可以做到这一点,我们还可以做到其他事!"我的脑海里只想着我们下一步该怎么做。如果我们一起攀登珠穆朗玛峰,在登到山顶上,被

---

① 威廉姆·亚当斯(Will.I.Am):美国说唱歌手、词曲作者、制片人和演员。他是"黑眼豆豆"(Black Eyed Peas)组合的一员,因在《美国之声》(*The Voice*)节目中当评委而闻名。

疲惫、脱水和水泡包围着时,我可能会说,"呦!让我们在这里建造一个奇特的火箭发射器,这样我们就可以登上月球啦。我们离得够近啦!"

唐纳·卡兰①:我被驱使去做那些没有做过的事情,我喜欢创造性的挑战,比如学习新的手艺,开辟新的生意,尝试新的做事方式等。灵感总是存在的,现在我正望着窗外一棵树叶干枯的树,想知道我能用它做些什么。大自然总会给我灵感,但在实践层面上,关键是填补空白,创造出一些东西来解决人们由于缺失而造成的困扰,让人们的生活变得更轻松。

教学现在是我生活中最享受的事情之一,很幸运我能成为一些全球评级最高的商学院的客座教授。创业在商界催生了一些摇滚巨星,他们拥有所有名人或偶像都拥有的财富、权力和影响力。因此,当你心怀抱负的学生坐在一个房间里谈论创业时,他们不可避免地想要知道如何成为未来的偶像。每个学期,我都会被问到成为伟大的创业者需要具备什么条件,以及创业的想法从何而来。

---

① 唐纳·卡兰(Donna Karan):美国时装设计师、唐纳·卡兰纽约(DKNY)服装品牌的创始人。2007年,她创建了城市禅宗(Urban Zen)生活方式品牌。

一个伟大的创业者有什么特点

李彦宏：我认为，只有极少数企业家是"天生"就具备取得成功所需的所有能力，而其中的大多数人都需要在这一过程中学习很多技能。在互联网这样一个非常有活力的行业中，你面临着一种挑战，那就是颠覆者将很快成为被颠覆的对象。你必须准备好迎接变革，不仅在你的生意方面准备好迎接变革，而且在心理上做好准备迎接这种变化——对此感到兴奋，被其吸引，并改变自身。我认为，企业家需要对即将发生的变化有足够的敏感度。你必须对下一个弯道周围的情况有所了解。你需要排除噪音，避免分心，以及专注于在你所做的事情之间取得平衡。

詹姆斯·戴森：发明者不应害怕承担责任，他们应该接受失败，从错误中吸取教训。我为了第一台戴森无袋吸尘器制造了5 127台原型机，只有最后一台是正确的！不怕失败是我认为所有成功企业家都有的共同点。说到领导力，我一直希望有一个团队能分享我的驱动力，但也可以不同意我的观点。

在刚开始我们只有5个人时情况是这样,现在戴森有5 000人了,情况仍然如此。

奇普·威尔逊:你需要先人一步。我看到许多人在市场太过低迷的时候就开始做生意。比如,让我们来看看单板滑雪市场:也许最初市场上只有3个品牌,5年之内就有了500家竞争对手,经过激烈竞争之后,市场上的各方最终合并成3家公司,每家公司旗下拥有20个品牌。如果一开始就能进入市场,就可以成为爆炸性增长的一部分。我们认为真正的企业家是那些提出人们以前从未见过的想法的人,许多企业家能够看到他们处于市场曲线上的哪个位置,能够进入其中并获得发展。"竞争对手太多、产品过剩、价格低廉,现在很多商家都快破产了。我打算买下50个品牌,把它们整合在一起,并创造出一个超级品牌。"对于拥有资金的企业家来说,这是一种强有力的方式,但你需要大量资金才能使这种模式成功。归根结底,要想成为一名创业者,你必须非常努力地实现自己的想法和理念,那种感觉就好像如果你不实现它,你就无法呼吸。

基兰·玛朱姆达-肖:创业与创新思路有关,而不是去抄袭另一家成功的企业。当提到真正的创业时,我想到的是开拓精神。你应该会说："我想做一些与众不同的事情，一些新的事情，一些其他人没有想过的事情。"这可能是一种新的想法，一种新的做事方式，或者是许多事情的组合。任何抄袭或刻板模仿商业模式的人都是商人，而不是企业家。当我看到某些令人意想不到的东西时，我会认为那真是一个让人赞叹的作品！1978年，当我在印度创办Biocon公司时，没有人关注生物技术，那是个让我赞叹的作品。每次想到新技术或新产品，我都有同样的感觉，那就是我知道自己发现了其他人都没有发现的东西。

N.R. 纳拉亚纳·穆尔蒂：创业者的首要特点是有勇气。伟大的创业者有勇气去梦想那些不可能实现的事情，有勇气去走那些从未走过的道路，有勇气去对抗绝大多数唱反调者，并做出巨大的牺牲，希望明天能有更好的生活。创业者的第二个特点是乐观和充满希望。当你想冒险时，当你想走在人迹罕至或无人走过的路上时，你必须积极乐观。

托里·伯奇：创业需要激情。人们需要相信你的远见，并对你看清本质的能力有信心。有许多伟大的想法从未被转化为现实。你必须愿意接受风险，并能计算风险，因为并非所有风险都值得承担。伟大的企业总是在创新，创业环境不断变化，并非所有人都跟得上变化。因此你要灵活，要保持足够冷静，这让你能从容应对局势。

威廉姆·亚当斯：伟大的创业者可以构建关系网络，他们有能力把人们聚集到一起，帮助他们分析自己的想法，并使其成为现实。还有一些人在技巧方面真的很有天赋，比如世界上最好的吉他手、最好的钢琴家、最好的歌手、最好的平面设计师或者跑得最快的人。但仅仅因为你在这些事情上是做得最棒的，并不意味着你知道如何把人们团结起来，让其他人都能做好。有些人的关系网络真的很棒。

如何将作为企业家的身份与作为个人的身份区分开来

索菲亚·阿莫鲁索[①]：我有多重身份危机。记得我刚走上讲台的时候，人们常常赞扬我的坦率。当时我好像是这样说的："老实说，我太懒惰了，不敢把事情搞砸。"人们发现坦

---

① 索菲亚·阿莫鲁索（Sophia Amoruso）：美国女商人、Nasty Gal 的创始人。她的畅销自传《女孩老板》（*Girl Boss*）被改编成了奈飞的剧本。

率是一件新鲜事,这实际上让我感到失望。为什么说出自己的想法和感受,对别人来说会如此新奇?我想问那些人的是,你口中说出来的到底是什么?如果坦率是例外,而不是惯例,那我为什么要浪费时间听这些人讲话。

我绝对是被洗脑了,我觉得自己变得有些脱离实际。我和亿万富翁一起在戛纳的超级游艇上游玩,被认为是富婆。我入选了《福布斯》30岁以下领导者、《财富》40岁以下领导者、《名利场》新创公司等名单,我和布莱恩·切斯基和本·西尔弗曼坐在一起,被视为他们的同行。

我成了一个被讽刺模仿的对象。后来奈飞公司制作了一部关于我的系列剧,这真的让我成了漫画中的人物!当时的身份危机重创了我。我曾在2016年6月登上《福布斯》封面,而我的丈夫在当年7月离开了我,不久我就坠入爱河,2016年11月,特朗普当选总统当天我的公司破产了。2017年4月,奈飞公司制作的一部讲述我的生活经历的系列片问世,但遭到了严厉批评,几个月后它被停播。《名利场》杂志一年前曾邀请我参加奥斯卡颁奖晚会,而后来杂志刊登的头条标题则是"《女孩老板》最大的问题在于素材"。我要为生活中发生的一切负责,但这种事情影响的范围之大出乎意料,人们撰写有关我的头条新闻也都是一派胡言。

创业思路的源头是什么

理查德·布兰森：有很多东西可以启发创业思路。比如，如果你享受的客户服务很差，你可能会受到启发，创造出更好的产品或体验。倾听朋友和家人的心声是个好机会，他们通常有很棒的点子，能够提供宝贵的建议。我总是随身携带一个小笔记本，记下我在旅行或工作时的想法和与人对话时产生的感想。我曾在被困在加勒比海而不得不租用飞机离开时萌生了开航空公司的想法，当时我把座位卖给了其他被困乘客，以支付包机费用。要拥有开放的心态，因为你永远不知道什么时候机会或想法会出现。在今后10年里，我们都将进入未知的领域，因为我们对能源的需求将大幅增加，但我们仍在过度依赖石油。如果企业家出于恰当的理由进入可再生能源领域，那么他们就有可能创造出一些激动人心的新技术和成功的新企业。

李彦宏：机遇一般产生于形势发生变化之际，但创业的点子可以来自任何地方。当你意识到了痛点、瓶颈和低效后，创业的好想法可能随之产生。它们也可能来自深夜与朋友的交谈,或者来自灵光一现的时刻。但对于我和百度来说,创业思路的一个来源是为那些欠缺服务的人群提供服务。满足服务需求是创新的真正动力,为那些不懂技术的人、受过教育和富有的都市人,以及认为技术是理所当然的人提供都能使用的且不是简化版的技术,实际上就是一种技术挑战。

一家成功的企业有什么特点

理查德·布兰森:一家成功的公司需要以一个优秀的产品或服务为核心,需要强有力的管理和执行,并需要一个好的品牌来赋予其区别于竞争对手的优势,还需要真正相信自己的优秀人才。人才是维珍企业的核心所在。创业者往往能够创造出一个好的产品和品牌,但需要引入管理层人才来帮助扩大和创建一家真正伟大的公司。

李彦宏:根据我自己的经验,成功来自专注和坚持——就我而言,是对技术的专注和坚持,20多年来,我一直在做这件事。我一直认为,勤奋工作和坚持下去的能力几乎能够克服人与人之间在先天智力方面的所有差异。成功不是来自智商，而是来自价值观、激情、学习意愿、进步的动力和奉献精神。专注于一件事并不容易，一路走来有无数的诱惑，往往会让一个企业家动摇，被引诱转向另一个机会。对百度来说，在至关重要的几年里，我们抵制住了无线增值服务和游戏等众多领域的诱惑，这些领域可能会带来不错的短期收入，但我们一直非常专注于搜索，因此放弃了这些领域。

N.R. 纳拉亚纳·穆尔蒂：一家成功企业的首要属性是基业长青，这就是为什么我非常尊重那些长期从事特定业务的公司，比如IBM、通用电气、联合利华和飞利浦。商业上的常青在于能成功穿越波峰和波谷。在困难时期，要学会接受不可避免的失望，并在此基础上不断改善。常青是指当你跌倒后膝盖被擦伤时，还能继续你的旅程，这也是持续改变社会的能力。

托尼·奥·埃鲁梅鲁：我的企业是按照非洲资本主义的原则经营的，即要求企业致力于发展，投资于能够促进经济繁荣和增加社会财富的长期事业。这意味着，成功的企业是为股东创造价值的企业，但也要对和其密切相关的社区做出长期、可持续的贡献。

托尼·奥·埃鲁梅鲁在这里的回答揭示了国与国之间对待资本主义态度的不同。与2000年的调查结果相反，在许多增长迅速的全球南方经济体中，我们经常听到的说法是，企业真正致力于实现包容性增长。这些国家的企业家不一定是按照影响力来衡量的"双底线"意义上的社会企业家，但他们具有社会意识，明白自己担负着对他人的责任。通过与慈善组织"取代战争"的合作，我遇到了一些来自非洲大陆的企业家，他们都来自非常成功的、参与社会事务的公司。在许多情况下，战争、社会动荡和危机是他们及其家人所经历的历史的一部分，所以他们不能对此置之不理。

创业者最常犯的错误是什么

史蒂夫·凯斯：在宏观层面上，人们往往不会意识到，尽管有想法很重要，但执行这种想法更重要。我经常引用托马斯·爱迪生的话，"没有执行的愿景只是幻觉。"有一个伟大的想法是好的，但你必须贯彻执行下去。有一种倾向认为，想法本身就是一种突破，而不一定围绕这个想法创造出产品、服务或企业。你要以自己为中心组建合适的团队，并建立恰当的合作关系，这样你就不会单打独斗了。独狼心态虽也盛行，但合作关系在卫生、金融服务和教育等领域越来越重要，所有这些都需要很多合作者才能创造出有意义的影响。创业者通常对竞争环境不完全了解，我们经常会听到有人说他们的想法多么有原创价值，但我认为，如果别人不这样做，那很可能意味着他们的想法并不是一个多么了不起的主意！如果有好的想法，很多人都会去做，真正的问题是谁会取得胜利。

杨致远：创业者们最大的错误可能是没有为成功做足够的规划。通常，当一家公司刚刚起步时，它就处于苦苦求生的状态。创业者们考虑不到需要扩大公司规模时会发生什么，也不考虑一旦这家初创公司加入竞争，现有的公司会采取什么行动。关于创业的一种误解是，创业是一场独角戏。但创业者几乎不可能大包大揽，伟大的创业者背后必然需要一支伟大的团队。

创业是变革和进步的引擎。舒适的日常生活在很大程度上要归功于创业者的成功，他们创造了数以百万计的就业岗位，把世界向前推进。在这个过程中，从互联网到汽车，从现代医疗到娱乐，创业者都是找到了更好道路的冒险者。在过去25年里，创业者们也运用同样的技能，通过慈善、社会影响力，投资和提供刺激社会部门创新所需的风险资本来应对世界上一些最紧迫的问题。对于那些幸运的、获得成功的少数顶级创业者来说，回馈社会几乎是一个惯例。例如，在美国，比尔·盖茨和沃伦·巴菲特（Warren E. Buffett）发起了"裸捐誓言"（Giving Pledge）运动，致力于在有生之年捐出相当一部分财富的企业家们也发起和参与了这一运动。

慈善事业在创业中的作用是什么

理查德·布兰森：我一直认为企业是在世界范围内带来积极变化的有力工具，创业精神在应对全球挑战以及其他许多挑战方面发挥着至关重要的作用。公共资金和开放式研究对于提出更好的想法、新技术和进步政策绝对至关重要。有些市场始于创业，市场需要投入资金才能真正扩大规模。一些奖项可以成为推动想法向前发展的催化剂，在一个新颖但非常重要的领域尤其如此。

李彦宏：我当然支持和鼓励企业家的慈善事业，我很高兴看到企业家积极解决更广泛的社会问题，对有价值的事业慷慨解囊，为共同利益而努力，这些都是企业家现在非常期盼做的事情。我还想说，企业家或公司最好从一开始就建立起真正的崇高使命。如果你打算做一些事情，你的公司成功也意味着给社会带来切实的好处，那是慈善的最高形式。

穆罕默德·尤努斯：慈善事业有助于解决人民的问题，否则这些问题可能一直得不到解决。慈善是一个伟大的概念，因为在一门心思关注获利这一自私目标的世界里，慈善是解决问题的唯一窗口。但我认为慈善事业存在很大的局限性。慈善资金只能使用一次，一旦用完钱就没了，它不回到捐赠者那里。我通过创立社会型企业来解决这个问题，用商业的方法来实现慈善事业的目标，让它与个人的利益脱钩。这样我们就能把钱拿回来一遍又一遍地循环使用，不断地实现各种目标，慈善事业就会变得非常强大。由此，我把创业精神和可持续性带进了慈善事业中。

N.R.纳拉亚纳·穆尔蒂：创业是指通过创新思想来改

造我们的世界,创业者利用自己思想的力量,使这个世界变得更加美好,并在这个过程中赚钱!对许多企业家来说,他们通过慈善事业继续这一转变之旅。一名企业家把自己的财富的一部分用于慈善事业是很自然的,这归根结底是要通过思想的力量改变世界!这样的慈善之旅一般由社会企业家引领。

迈克尔·奥托[①]:如果我们想长期改变现状,慷慨的财政捐助是不够的。这就是我要亲自参与基金会的活动,以及一系列其他社会导向的项目的原因。对我来说,通过个人的参与来触发和推动基本的社会和环境政策举措很重要。这不仅仅是做好事,在实施特定项目的同时,我还想提高人们对特定主题的认识,培养人们的想法并使他们产生动力,这样人们就可以参与进来并促进项目的进一步发展。在我看来,项目只有在某个阶段能够实现自行发展,才具有社会意义。

---

① 迈克尔·奥托(Michael Otto):德国企业家。他是邮购公司奥托集团(Otto)的负责人,该公司是仅次于亚马逊的网络零售商。

企业在多大程度上能与社区融合

斯科特·法夸尔[①]：企业一直都是社区。建设社区与打造企业齐头并进，这是我的信念。很多员工上班前，常常会在门口检查一下，看是不是有什么忘记带了，这可能是因为他们受到了歧视或不被接受。我认为，允许员工全身心地投入工作的公司才最能发挥员工的作用。过去，工作和家庭是界限分明的，下班了就回家了，直到第二天上班才又听到与工作相关的消息。沟通不畅给教会、社区和其他事情留下了更多的空间。出于同样的原因，人们在工作中也不会做个人的事情，比如你没法在上班期间更新你的 Facebook 内容。如今，工作和个人生活彼此渗透，以至于两者之间的界限几乎消失了。如果我告诉员工，他们在午休时不能在网上购物，那就像告诉他们周末不需要回复工作邮件一样奇怪。

[①] 斯科特·法夸尔（Scott Farquhar）：澳大利亚企业家、软件公司 Atlassian 公司的联合创始人和首席执行官，该公司的客户包括美国国家航空航天局、特斯拉和太空探索技术公司。

失败对创业有什么作用

奇普·威尔逊：我的目标是活到 50 岁,足够健康并在生活上有保障,能抵御住经济衰退。我曾做了 18 年冲浪、滑冰、滑雪板生意,没有赚到钱,对此我很担忧。我在继续承担风险,但并没有回报,最终批发业务崩溃了,企业步履维艰,我卖掉了这部分业务,希望可以重新开始。但如果没有之前在韦斯特比奇 18 年的彻底失败,有关露露柠檬的一切都不可能实现。我们必须重新定义失败意味着什么。失败并不意味着否定自己,它是我们经验的一部分。我在韦斯特比奇的 18 年就像上了 18 年的 MBA 课程。如果没有这些经历,我就无法了解自己需要什么,从而打造出世界上第一家直接面向消费者的完全垂直的零售公司。在创业的过程中,失败和挫折太常见了,这就是现实。

丹尼斯·克劳利：有时候,我认为人们在成为企业家后不知道自己要干什么。你在机场的书报摊上,满眼看到的都是关于成功创业者的封面报道,但没有人谈论失败,也很少有人谈论非常艰难的时期。没人愿意承认,他们的公司几乎破产了 10 次。我在所有采访中都会谈到失败的话题,创业是多么困难,工作是多么艰苦,情况是多么艰难。人们在开始创业时,往往以为一切都是玫瑰色的,其实不是。当人们不谈论失败时,他们认为自己是唯一经历过这些失败的人。而交流得越多,人们就越能意识到这是大家共同的经历。成功的创业者必须敢于说出事实,而不仅仅是呈现好的一面。每个人都有一条独特的道路,我真的相信这一点。你不可能通过复制别人的创业过程来获得成功,但无论如何,我们都必须奋斗,穿越迷雾,你的经验教训也可能帮助其他人少走弯路。

你会给未来的创业者传递什么信息

李彦宏:这是我经常谈论的事情,我总是强调创业者应该专注于他们认为值得做的事情,在不盲目追随大众的情况下做出自己的判断。在你做得最好和最爱做的事情的交叉处找到发力点,你成功的概率马上就会高得多。如果你做了擅长做的事情,你会比竞争对手做得更好。如果你专注于自己喜欢做的事情,那么即使面对强大的竞争对手、命运的逆转和容易分心的情况，你也会顽强地坚持下去。

詹姆斯·戴森：不要追求成为一名企业家，而要有想出一些问题的解决方案的欲望。我传递给有想法的年轻人的信息是打造一个样机并对其进行测试。在一次次的考验中不断改进，从失败中吸取教训。不要害怕独自行动，有时候你必须勇往直前，但创造出真正有效的颠覆性技术的回报的确是惊人的。

穆罕默德·尤努斯：我并不是要给那些"对创业感兴趣"的人传递信息。不管怎样，他们只是一小帮人。我要给所有的年轻人传递信息。即使他们目前没有兴趣，但他们每个人都有成为伟大创业者的潜力。我的信息是一个简单的问题：你应该从顶层开始生活还是从底层开始生活？如果你去找工作，往往要从底层开始。在那里，你会忙着去满足你的直属上司的要求，放弃你的创造性思维而去适应成为一个由你老板定义的小角色。在余生中，你将一直在实现由你的老板而不是由你设定的目标。你有没有想过自己的目标？为什么不从你的目标开始，以你的方式来安排生活，塑造世界，去做领导者，而不是一个小小的追随者。有人会告诉你，这样太冒险了。不要听他们的,首先要找到自己的解决办法。别人并不会为你提供解决方案。你可以一试身手,提出你的想法。没人能在想法方面超过你,试试吧。还有很多像你这样的人在等着和你一起做事。迈出第一步,我可以向你保证,这很有趣。

何塞·内维斯:不断创新,为市场带来其他人没能提供的服务。谷歌是一个巨大的灵感之源,优化了广告这个核心业务,但没有放弃持续资助登月计划。我学过的最出色的经验之一与文化和价值观有关,企业文化从第一天起就存在了,它实际上来自创始人和创始团队。然而,一旦公司变得更大,你就需要对公司文化进行分析和记录,以便让每个人都清楚这一点,最好凝结为一句标语。当你雇用了大约150人的时候,一切都变了。我们现在已经有超过3 000名员工,刚开业时,我的工作是发现精美的店铺,与开发人员合作创造产品或设计解决方案,寻找客户。我现在的工作实际上是关于领导、文化、价值观,充当我们企业的大使,明确我们正在努力实现的目标,当然还有投资者管理。当我创立发发奇购物平台时,我意识到那是一件非常不同寻常的工作,我仍然热爱它,并且非常感谢我的团队。

贾迈勒·爱德华兹[①]：最重要的是自信。相信自己，尝试自己的想法。如果失败了，就从失败中吸取教训，继续前进。不要害怕失败。不要满脑子都想着成功，也不要让失败占据你的内心。

史蒂夫·凯斯：社会上还有很多问题和挑战有待解决，需要新鲜的思路、大胆的视角和创新。下一波创业浪潮可能是我们所见过的最有趣和最具影响力的。现在创业者关注的问题包括我们如何保持健康、如何吃饭、如何与人相处、如何管理能源、如何学习以及几十亿人生活中的许多至关重要的方面。我希望创业者受到激励，能够应对重大挑战。这些挑战中充满机遇，基于这些机遇可以打造下一波改变世界的标志性企业。我希望创业者们能把目光放得长远些，能够应对重大问题和挑战，并有毅力走出一条充满激情的道路，进而产生重大影响。

托尼·奥·埃鲁梅鲁：我认为，对于未来的创业者来说，建立可持续发展的公司是最重要的，这类公司能持续为股东

[①] 贾迈勒·爱德华兹（Jamal Edwards）：英国企业家、模特、畅销书作者、网络音乐平台 SB.TV 的创始人以及总部设在伦敦的青年中心项目负责人。

创造价值。同样重要的是,这些公司也要产生社会影响。当然,这不是通往成功的最简单的道路,但这是负责任的选择。而且我坚信这是建立伟大基业的基础。

杰克·韦尔奇:商业游戏中最重要的是组建一支伟大的团队。与最佳球员合作的球队能获得胜利,这个伟大的团队将推动共同进步,而进步就像一种灵丹妙药,令人兴奋,并能创造越来越多的进步,那是一个非常有趣的过程。生意很有趣,就像是一场游戏,你在跟别人比赛,而你想赢得胜利。赢是好的,输是坏的,你想在赢家的更衣室里庆祝还是在输家的更衣室里懊悔?如果你赢了,你可以回馈你的家庭、你的公司和你的社区。如果你输了,你的口袋里什么都不会剩下。

纳文·贾恩:你必须有伟大的梦想,也许人们还会认为你是个疯子。如果人们没有认为你疯了,那说明你的梦想不够宏大。你绝不能害怕失败,作为企业家,你永远不会失败,你可以适应并转型。想法能够失败,人却不行。如果你足够聪明,能够适应并改变政策,你就会意识到之前的想法都是垫脚石。

威廉姆·亚当斯：你必须搞清楚你在团队中所处的位置。你必须知道你是谁。你是点子大师吗？还是记录者？你是一个行动派？还是跟风者？抑或你是那种会把别人聚在一起的人？其实反复想想，你身边有很多拥有这些特质的人。点子大师是那些能不断想出好点子的人；组织者能把人聚集在一起，不一定和点子大师是同一个人；记录者将所有内容记录下来并进行整理；行动派发起行动，并明白需要做什么；跟风者是那些参加行动的人。还有一个"组局者"，他知道如何把所有这些人召集到一起。你是那个人吗？你扮演哪种角色？我是一个有想法的人，我完全知道我是谁。我不是一个好的跟风者，我有时会过多地考虑事情，我可能会过度捍卫我的想法。作为一个有创意的人和推动者，当你认为创意完成了时，你会想把创意传播出去。

凯文·奥利里[①]：你需要做的第一件事就是弄清楚自己的财务状况，我对所有的学生都会给出这样的告诫。如果说从在英国、加拿大和澳大利亚播放了10多年的《创智赢家》和《龙穴》等节目中学到了什么经验的话，那就是所有国家的模

---

① 凯文·奥利里（Kevin O'Leary）：商人、作家、政治家和电视名人。自2009年以来，他一直是商业真人秀电视节目《创智赢家》的固定嘉宾。

式都是一样的,所有的成功案例都包括三个方面的要素。首先,你必须站在那些评委面前,用 90 秒甚至更短的时间解释清楚机会是什么。如果做不到这一点,你就会失败。其次,你必须解释为什么你是执行商业计划的合适人选。你知道什么?什么让你独一无二?你的经历是什么?为什么你是最合适的人?一个好主意加上一个糟糕的执行只会造成一笔糟糕的投资,所以你必须证明你有能力执行。最后,如果你不知道你的财务状况,我相信你会痛不欲生。你必须了解你的财务数据。如果你想在我面前谈论一家企业,你最好知晓它的收支平衡分析、毛利率、市场规模和竞争者数量,以及所有与这些相关的东西。我希望你意识到,这些信息都是必需的。如果你做不到,你就会面临失败。

斯图尔特·巴特菲尔德[①]:首先,你必须把客户放在第一位。其次,协调工作和实现愿景非常重要,但也不能总是质疑你自己。把你的产品推向市场会获得非常重要的反馈,但很容易让你受到影响而动摇、犹豫或改变方向。对于像 Slack

---

[①] 斯图尔特·巴特菲尔德(Stewart Butterfield):加拿大企业家和商人。他是图片分享网站 Flickr 的联合创始人,也是软件公司 Slack 的联合创始人和首席执行官。

这样的公司,其增长速度感觉有点像跑酷。你必须非常迅速地行动起来,不放过任何一个可以利用的机会。在跑酷中,机会可能在墙壁或栏杆上,对我们来说,机会是市场的变化或我们客户的需求。应对机会的后果是相似的:如果你犹豫,你可能会碰壁并可能伤害到自己。最好稍作决定,但要全速前进,别让怀疑阻止你。

在本章开头,我承认在被称作创业者之前,我自己都不知道什么是创业者。如今,创业精神中最引人注目的部分已经变成了好莱坞式的自嘲漫画,被制作成书籍并在研讨会和咨询公司中被反复提及。在创业方面有影响力的人从社会追随者那里赚到的钱比从实际业务中赚的钱还要多,我认为这已经与现实脱节了。

在世界各地,有不少人在寻找解决问题的办法,他们的热情转化为动力,他们想要改变世界,他们有创造的动力,或者在别无选择之下只能通过创业来改变生活。无论是本地的商店店主,还是创办全球企业的人,创业者无处不在,成为我们经济的支柱。连接所有这些创业想法的主线是将想法变成现实的能力,以及贯穿其中的坚持不懈的精神。詹姆斯·戴森爵士在谈到创业者具有使自己的想法成为现实的动力和决心时向我描述了这一点。

与生物进化大致相同的是,创业者进化是好的创意逐渐成为现实的故事。社会不断进步,蓬勃发展,很多创意不断涌现,逐渐成为我们文化的一部分,而且这一进步的速度越来越快。1903 年,莱特兄弟首次在约 36.6 米高的空中进行了动力飞行。约 66 年后,人类站在月球上回望地球。类似的壮举还有,1941 年,第一台数字计算机出现,在其后不到 70 年的时间里,发展出连接全球的云计算能力,其中能储存下人类知识的总和。

在创业方面,早期的互联网时代是最令人兴奋的时代。一小批人以前所未见的规模和速度创建了全球企业,由此带来的是在极端环境下创业的经验。杨致远是最早的搜索引擎之一——雅虎的联合创始人,该公司使他成为世界上首批互联网亿万富翁中的一员。正如我们在本章中看到的,对他来说,创业是为了实现一个共同的、强有力的使命,建立一个能够改变世界的公司。要做到这一点,你需要一个团队,团队成员分享激情和信念,能一起经历成功和失败。无一例外,我见到的每一位最成功的企业家都认同这个观点。

我们与生俱来的创造力可能是我们拥有的最强大的能力。创业者是将资本、知识、工具、基础设施等各种资源转化为物质或虚拟资产的人,然后这些资产就可以被广泛应用于社会和文化中。用佛陀最简单的话来说:"万法唯心造,诸相由心生。"即我们所思所想,造就了我们,我们的一切,都出于我们的思想。

05　歧视和不公：他们和我们

> 我们必须让自己站在另一方的立场上,而不是置若罔闻。
>
> ——罗丝·麦高恩

在父母带我在英格兰北部的黑潭快乐海滩游乐场（Blackpool Pleasure Beach）乘坐太空飞车时,我还是个孩子。那座48米高的旋转观光设施让人将整个游乐场尽收眼底,真是一个极好的观景平台。我记得我当时在太空飞车上极度兴奋,甚至有种眩晕的感觉,但是这种兴奋很快化为泡影。和我们一起乘坐太空飞车的另一个家庭的父亲对我们说了一通类似于"你为什么不滚回到自己的国家,你这个巴仔①!"的话,那是我第一次经历种族主义事件,尽管我当时还不知道那是什么意思。对于我的父母来说,种族主义是他们初来英国时生活的一部分。比如,在我的父亲第一次来到曼彻斯特时,租一间只能放下一张床的小卧室,每周要花5英镑。后来他四处寻找好一点的住所,在迪斯伯里(Didsbury)的热门地区找到了一间不错的公寓。他立刻打电话给房东想看看房。可当他赶到那里,房东一开门,看到他停顿了一下,叹了一口气说:"抱歉,它已经租出去了。"不只这一件事,对于我父亲来说,听到人们高喊"巴仔!滚回家!"是家常便饭。我问父亲是怎么熬过那些时刻的,他告诉我,他觉得这只是英国生活的一方面。他同时也看到了一些人在商界很受欢迎,所以就试着忽略种族歧视。对于许多和我父母差不多时间来到英国的人来说,他们的反应是面对或逃避。面对意味着融合,而逃避意味着需要建立单独的社区。前者是比较成功的选择,但这一选择的确要求各方都有包容的思想。

20世纪80年代,随着我逐渐长大,种族主义成为我的生活的一部分。从在学校被称为"咖喱佬"②和"巴仔",到后

---

① "巴仔"是称呼印度人或巴基斯坦人的贬义词。
② "咖喱佬"是称呼印度次大陆(也被称为南亚)的人的贬义词。

来的街头种族主义事件，我想当然地认为，有很多人因为我是棕色皮肤而不喜欢我。虽然我对此并没有不高兴，但我感觉那像是一种社会规则，是当时的一种社会运行方式。值得庆幸的是，当进入20世纪90年代和21世纪第一个10年时，种族主义歧视已经不那么严重了。在一定程度上这是因为我的职业让我能够进入左翼中产阶级的群体中，但我认为更主要的原因是种族主义观念在我们的社会中慢慢变得淡薄了，除非被特别指出。我对自己的肤色带来的文化知之甚少，比如在我职业生涯的早期，有一次记者问我："维卡斯，作为一名亚洲企业家，你感觉怎么样？"我的回答很简单："我想我和其他企业家是一样的，只不过皮肤是棕色的吧？"这似乎是一种相当无害的交流，但有时社会中的"他们和我们"的分别只有在被指出时才会变得明显。然而，在过去几年里我意识到，我在年轻时经历的种族主义非常严重，只不过都已经被时间推进了历史的阴影中。20多年来，我第一次感受到棕色皮肤的不同。我发现自己在着装方式、行为方式、说话方式、随身物品等方面变得格外小心。这不是为了遵守任何新的社会规则，而是为了不让人们误以为我是恐怖分子，或者对我的意图做出臆断。我不是唯一在机场被反复检查的棕色肤色的人，也不是唯一在公共交通工具上敏锐地意识到自已被区别对待的人。

歧视不仅仅是一个种族问题。在世界各地，人们由于性别、肤色、社会经济背景、宗教、政治派别，而在经济、社会和文化上处于边缘地带，并常常面临暴力和流离失所。只需看看美国就能发现一个可怕的事实，在那里系统性、制度化的种族主义导致许多非裔美国人的生命被夺走，而这个制度还披着在保护他们的外衣。乔治·弗洛伊德（George Floyd）在2020年5月遇害后，全球范围引发的抗议活动表明，许多人已经忍无可忍了，情况必须发生改变。

在本章中，我与一些将毕生奉献给揭露和打击一切歧视行为的领导者和活动人士进行了交流。南非前总统弗雷德里克·威廉·德克勒克和我谈论了种族隔离；大屠杀幸存者伊比·尼尔向我讲述了她在第二次世界大战期间的经历；演员乔治·竹井谈到了自己在美国拘留营当囚犯的经历；演员罗斯·麦高恩讲述了她遭受性别歧视的经历；国际残奥委员会前主席菲利普·克雷文爵士谈到了残疾人面临的歧视；诺贝尔和平奖得主莱伊曼·古博韦分享了有关性别平等的观点；我和梅琳达·法兰奇一起探讨了解决性别歧视的办法；露丝·亨特和彼得·塔切尔讨论了LGBT+群体面临的挑战；已故的哈里·莱斯利·史密斯和尊敬的博德勋爵讨论了社会中受贫困和经济边缘化影响的人所面临的挑战。我还与喜剧演员兼作家大卫·巴蒂尔谈论了互联网在我们的歧视经历中所发挥的作用，以及歧视在数字世界中的表现。

如何改变贫困

哈里·莱斯利·史密斯[①]：在我的人生中，贫困已经有了很大改善，尽管它仍有一些影响延续至今。20世纪20年代和30年代，我那时经历的贫困比大多数困难时期都要严重得多。当时我们的生活环境特别恶劣，住在布雷德福德一个简陋社区的档案室里。国家当时没有福利制度，无家可归的人到处都是，穷人生活在一个放任自流的反乌托邦中，收到的援助极少，苦难无处不在。当时没有医保计划，这意味着如果你负担不起医疗费用，你就会比中产阶级或上层阶级的人更快、更痛苦地死去。今天，我们周围仍到处都是贫困，尽管已经不像20世纪30年代那样的极端贫困。但我担心，在经历了多年的紧缩政策后，国家福利制度会遭到严重破坏，情况正

---

① 哈里·莱斯利·史密斯（Harry Leslie Smith）：英国作家和政治评论员。他在第二次世界大战期间曾在皇家空军服役。

在向着当年那个方向发展。我开始看到一种熟悉的对低收入工人和穷人的鄙视，我在大萧条期间目睹过这种情况。现在有种似曾相识之感，这种感觉还在延续。作为历史的见证者，我有责任告诉人们贫穷带来的苦难是可以消除的，但必须通过行动和政治改革来实现，而这一切都始于选民登记。我们必须让更多人参与投票。

政府在消除贫困中发挥什么作用

约翰·伯德[①]：要消除贫困，就必须了解政府资金发挥的作用。我们的税收投入社会保障机制中，成为一种福利制度。最早制定社会保障制度的目的，是为了帮助人们渡过难关，并通过提供培训和服务使他们获得成功。这是隐藏在社会保障立法中的机会。当今世界，社会保障制度让人们有了安全感，但由于社会保障制度存在了很长时间，当政府发现问题试图进行改革时，却为时已晚。政府没有让人们学会生存所需的技能，也弱化了人们成为创业者的动力和培养技能的欲望。

[①] 约翰·伯德（John Bird）：社会企业家。他是 The Big Issue 杂志的联合创始人，也是国际街头报纸网（International Network of Street Paper）的创始人。

有人仍将穷人视为不同于自己的另一个阶层。如果仔细研究英国大多数过得还不错的白人中产阶级自由主义者的情况，你会发现，在几代人之前，有人在他们的家庭中播下了摆脱贫困的种子。可能是他们的祖父学会了新技能，或者有人开始努力创业。一代人之后，整个家庭就再也不必因贫困而烦恼了。

十多年来，我一直与曼彻斯特的"芥子树"（Mustard Tree）慈善组织密切合作，这个组织为该地区成千上万受贫困和边缘化影响的人提供帮助。在英国，我们幸运地拥有一个合理的社会保障网络，即便如此，我们也只能眼睁睁地看着大坝上的裂缝在扩张，因为大坝后面的压力在变大。

与世界上许多国家政府一样，英国政府付出巨大代价带动社会创造财富。难以负担的房价、工作岗位被转移到了服务业和金融部门、社区和安全网络资金不足等问题，造成了一系列影响，使数百万人生活在饥饿边缘。虽然英国是世界上最富裕的国家之一，但约瑟夫·朗特里基金会（Joseph Rowntree Foundation）的研究显示，英国的贫困率为22%（大约为1 400万人），其中150万人（包括30多万名儿童）遭受过严重贫困的影响。在2020年的新冠肺炎疫情封锁期间，

"芥子树"的项目需求严重高于常规水平,因为很多原本能勉强度日的家庭突然发现自己无力应对突发的危机。

生理有缺陷的残疾人面临多么严重的歧视

菲利普·克雷文[①]:我个人并没有遇到过被歧视的情况,但如果我感到有人歧视我的话,我就不会再去他那里或者再见到他。尽管如此,我相信仍然存在很多歧视。要改变社会对生理有缺陷群体的看法,最好的办法是通过积极的体验,而不仅仅是强行推出新的法律。然而在某些情况下,这些法律也是必要的。例如,宽敞的停车位意味着人们可以从轮椅上下来,进入汽车的前座。要实现这一目标,各种形式的教育要跟上,因为良好的教育可以改变人们的观念,而不是使人们被动接受他们必须相信某事,或以某种方式做事。大约10年前,在美国有些人把残奥会运动员称作"超级残奥人",或许是因为人们无法与他们建立联系。但事实上,他们在残奥会上是为了展示当一个人真正投入精力时,没有什么是不

---

① 菲利普·克雷文(Philip Craven):曾是残奥会轮椅篮球运动员,2001年至2017年担任国际残奥委员会主席。

可能的。一个人必须通过展示自己来改变他人的看法，别人不会替你这样做。

"残疾"一词的真正含义是什么

菲利普·克雷文："残疾"一词本身就代表了一种消极状态，当它被用在形容人们身体状况之类的范围更广的词汇中时，情况就更糟了。每个人都是个体，个性应该闪耀着光芒，而不应被贴上统一的标签。人们年龄大了，可能会有视力、听力或活动能力障碍，那么能把他们称作残疾人吗？他们肯定会大声斥责这一称谓！他们认为残疾人是一个与他们不沾边的群体。我是菲利普·克雷文，我坐轮椅这一事实并不重要，我就是我。

在2010年的温哥华冬奥会上，我们住在威斯汀酒店。酒店房间里有一间经过改造的浴室，旁边有一个没有清空的小水槽。我打电话给酒店服务人员，他们说水槽是连在虹吸管上的，而虹吸管必须装满一半你吐到水槽里的东西后才能清空。我对酒店说，在五星级酒店安装这么粗陋的设备是不可接受的，而他们的回答是，你还想怎样呢？这是残疾人浴室里的残疾人水槽。这清楚地表明了人们的思维方式，以为我们想要某种不一样的东西，但其实我们并不想要。如果你已经残疾很长时间了，你肯定会有这种感觉。我有时会被问到在我遭遇事故后，情况是否发生过变化。我很清楚的是，情况没有变化，而且我一直在与之战斗。你必须抛开你的缺点，确保你有信心决定自己的命运，而不是让别人因为你残疾而决定你的命运。

你想告诉那些残疾人什么

菲利普·克雷文：你必须做好自己，并决定你想在自己的生命中做什么。如果你此刻有消极的想法，你就看看别人在类似你的境遇下做了什么。但也要意识到，你是在别人的支持下自己改变了你的生活，而不是别人改变了你的生活。你必须知道什么是你能做到的，你需要下定决心去做，如果有人阻拦你，你必须奋力反抗。生命是一场战斗，需要努力向前，你必须时刻清楚这一点。你身处一个有着各种成文和不成文规则的社会中，但生命是为了自由，你必须为自身创造自由。

2019年，在我支持的一个慈善机构"取代战争"组织的帮助下，我走访了乌干达北部距离南苏丹边境不远的一些地区。几十年来，这些地区一直受到暴力冲突的影响。我们在那里为解决残疾人面临的不平等问题制定了一系列方案。在当地，造成残疾的主要原因是地雷。通过举办互动式戏剧讲习班，我们发现在当地歧视形成的原因并不是对残疾有偏见，而是战争结束后建造了医院。这意味着遭受过地雷袭击的人现在成了残疾人，不像以往那样会因缺乏医疗而死亡。我们访问过的地区根本不了解残疾问题，也没有讨论残疾问题的相应语言体系。在我们与他们相处的短暂时间里，进行这种对话竟让局面发生了戏剧性的变化。多种形式的歧视确实存在，除非我们能不断地交流，否则社会就会有倒退的危险。

在本章开头处，我强调了自己遭遇种族主义的经历。只需粗略地看一眼新闻就能认识到，近10年来西方世界各地右翼民粹主义和民族主义运动的发展使种族歧视重新成为人们关注的焦点。我们一直在努力反对歧视，但不幸的是，我们似乎必须继续这样做下去。

什么是种族

德克斯特·迪亚斯[①]：从生物、科学、基因的概念看，种族并不存在。事实上，人类是一个相对较新的物种，我们都是非洲移民，只不过迁徙的模式和轨迹有所差别。这种对共同人性的思考让我感到很欣慰，事实上，种族是一种社会结构，种族神话是被精心编造出来的，但问题是如果种族不存在，那么它为什么会成为地球上最重要的力量之一？原因在于神话会发挥作用。我们通过讲故事来达到目的，在世界上创造意义，为行动提供信息和理由，组织起我们的社会，以及界定我们自己。

种族神话在五百多年前西班牙宗教裁判所时期就开始流行了，当时西班牙人试图证明犹太人是另一类物种，同他们不一样。种族的概念之所以会迅速传播，则是因为殖民主义。殖民主义把种族当作一项工程，从根本上把种族的产生作为

[①] 德克斯特·迪亚斯（Dexter Dias）：作家、获奖的人权律师。近年来，他参与了一些最引人注目的案件，涉及言论自由、谋杀、危害人类、恐怖主义、切割女性生殖器官和种族灭绝等。

一种知识,来证明其侵占和剥夺其他地方的资产和对他人进行剥削是合理的。殖民主义通过虚假的伪科学将他人重新塑造为低等的、在某种程度上并不拥有同样权利的人类,从而完成了许多统治工作。种族差异的思想几乎总是为某种形式的剥削直接服务,这种剥削打着"种族"的旗号。种族歧视的表现形式多种多样,我一直记得社会学家皮埃尔·布迪厄说过的话:"不存在某一种种族主义,而存在多种种族主义。"这个观点对于理解世界上正在发生的事情非常重要。

种族与身份的关系是什么

阿富阿·赫希[①]:我们理所当然地认为,我们拥有在生物学或科学意义上并不一致的种族身份。没有任何基因能与我们的种族观念扯上联系,事实上,族群内部的基因差异大于族群之间的基因差异。我们是如何以如此种族化的方式看待自身的?这个历史追溯起来很容易。种族概念是作为一种在世界各地剥削人民和土地的意识形态而被创造出来的,就像

[①] 阿富阿·赫希(Afua Hirsch):作家、主持人、纪录片制作人和前律师。她目前是南加州大学沃利斯·安嫩伯格传媒学院(位于洛杉矶)的主席。

欧洲人在帝国主义扩张时期所做的那样。正如塔那西斯·科茨所说:"种族不是奴隶制的产物,奴隶制是种族的产物。"需要明确的是,欧洲人不只开启了殖民主义,还将殖民主义模式根植于种族和种族分类的意识形态之上,这帮助他们证明奴役非洲人是合理的,因而欧洲人可以不再将非洲人视为人类。这些关于种族的观念在社会上已经持续存在了很久,证据表明这种观念已经内化,以至于我们会通过种族的棱镜来实现自我认同。我们需要继续追问作为社会被种族化的原因有哪些,以及种族化的意识形态内容有哪些。

是什么导致殖民时期的种族隔离,最终演变成了后来的种族隔离制度

弗雷德里克·威廉·德克勒克[①]:在人类事务中,人权是相当新的一个概念。在历史的大部分时间里,甚至在非洲、美洲和亚洲的土著人民当中,人们都承认大国或多或少可以

---

① 弗雷德里克·威廉·德克勒克(Frederik Willem de Klerk):南非政治家、南非前总统。他废除了种族隔离制度,实行了普选制度,并为此与纳尔逊·曼德拉(Nelson Mandela)共同获得诺贝尔和平奖。

按照自己的意愿对待被征服的人民及领土。殖民国家对待被征服的人民的行为很少受到法律、道德或同情心的限制，特别是在美洲。与美洲、澳大利亚和亚洲许多地区相比，南非定居者和土著居民之间的关系不那么带有剥削性和压迫性。大多数殖民国家出于若干原因对所征服的人民实行种族隔离。他们认为，自己作为基督教徒被赋予了歧视异教徒的权利。殖民国家和他们所征服的地区之间的发展水平会有很大的差距，殖民者往往对他们所遇到的文化一无所知，他们的动机通常是夺取被殖民者手里的土地和资源，他们的兴趣在于使被殖民者处于一种被镇压的状态，以防止他们在叛乱中崛起。然而，在大部分殖民历史上，大多数南非黑人继续生活在他们自己的部族地区中，在那里他们被传统的部族权威者统治，而对部族权威者的任命得到了比勒陀利亚白人政府的批准。

就南非而言，种族隔离根源于一种有力的观点，即应当鼓励该区域的每一个群体独立发展。从20世纪50年代末开始，南非开始实施内部非殖民化政策，最终形成了10块"黑人家园"，每块"黑人家园"都有自己的议会、政府、行政机构，往往还有自己的大学。将近40%的南非黑人生活在这些地区，他们由自己人管理，没有任何种族歧视。其中6块"黑人家园"发展为自治，4块获得完全独立，但只获得了南非和彼此间的承认。然而，大多数"黑人家园"的预算和经济比非洲其他许多独立国家的要好得多。但这项政策最终失败了，因为留给黑人的土地太少而且是分散的，越来越多的黑人被吸引到所谓的白人经济中。该政策没有规定黑人在所谓的白人地区的政治权利，在那里白人也是少数群体，并且该政策遭到了绝大多数非白人南非人的强烈反对。

是什么导致了种族隔离制度的废除

弗雷德里克·威廉·德克勒克：有很多因素导致了种族隔离制度的废除。首先，显然是政府的政策未能公正地解决国家的问题；另外，绝大多数非白人南非人拒绝种族隔离，导致抵抗和镇压激增；国际社会对南非日益孤立和制裁；南非黑人日益融入经济，导致收入分配持续发生变化；大量黑人迈入中产阶级，他们接受过大学教育，更多地接触到国际社会；到20世纪80年代末，人们认识到无论是军事解决方案还是革命解决方案都没有前景；通过谈判使古巴军队从纳米比亚撤出后，纳米比亚在联合国的帮助下加速了独立进程；1989年初，总统彼得·威廉·博塔中风后出现了新一代的国民党领导人；在纳尔逊·曼德拉和南非政府之间开始非正式会谈的同时，白人商业和学术领导层与非洲民族会议之间的探索性会谈产生了积极影响；苏联的解体和自由市场民主的胜利。

为什么各机构对种族主义反应迟缓

阿富阿·赫希：我们谈论的是根深蒂固的结构性不平等，这种不平等让精英阶层受益。我们的社会需要变革来弥补这些不平等，大多数多元化和包容性战略都关注性别和性取向等特性，这些特性肯定是结构性不平等的根源，但当你查看社会结果的分配时，肯定没有导致种族存在的不平等。现代企业的虚伪之处可以从它们声称代表某些价值观的言论中看出来，但它们实际上继续代表精英主义。权力和财富仍集中在少数人手中，这些人的前辈往往可以追溯到从殖民奴役中受益的那些人身上。仅在口头上谈论多样性要容易得多，这是一个包罗万象的话题，你可以让不同的人在不承认白人身份、不承认种族主义是如何形成并继续发挥作用的情况下进行对话。我们总能找到走安全路线的方法；即使在我们谈论种族主义时，我们也会把它归为黑人、亚裔及其他少数族裔的问题，虽然这与真实的生活格格不入。

媒体对种族的描述如何影响种族主义

乔治·竹井[①]：我是一个演员，我知道媒体的力量，它能使人形成刻板印象，也能影响人们对特定人群的态度。珍珠港事件发生时，加利福尼亚州有一位通晓法律和宪法的了不起的总检察长，他曾是加州的首席律师，想成为州长，他发现当时加州的首要议题是要封锁日裔运动和日裔民众。这个人知道做什么对自己更有利，于是站出来以总检察长的身份发表了惊人的演讲。他说："我们没有看到日裔美国人从事间谍活动、破坏活动或第五纵队[②]行径的报道，这是不正常的。日本人是难以捉摸的，在他们做出任何坏事之前把他们关起来是明智的。"想想吧，这是一位总检察长将莫须有当成证据的实例。

[①] 乔治·竹井（George Takei）：美国演员、作家和活动家。他因在电视剧《星际迷航》（*Star Trek*）中的角色以及他对人权的积极倡导而闻名。
[②] "第五纵队"泛指内部潜藏的敌方组织。

05 歧视和不公:他们和我们

作为加利福尼亚州拘留运动的领导者,他变得非常强大。他激起了战时的亢奋情绪,这种情绪一直蔓延到美国总统那里。当时,罗斯福总统签署了行政命令,把我们送进了用铁丝网隔出的营地里。这位总检察长竞选州长获胜,而且连任两届,然后被任命为美国最高法院首席大法官。你可能会知道他的名字:厄尔·沃伦,所谓的美国自由派首席大法官。我倾向于认为他是出于良知才变得开明的,他从未承认自己在加利福尼亚州担任总检察长时所扮演的角色,但在死后才出版的回忆录中,他说自己最大的遗憾是在拘留日裔美国人方面的所作所为。但他生前是不打算说出来这些话的。

近代史中不乏大屠杀。在今天仍然在世的幸存者的有生之年中,世界目睹了由于宗教信仰而有组织地处决了600多万人。我们看到世界各地发生种族灭绝和种族清洗的可恶行径,其主要原因是独裁领导者在种族和文化上分裂民众,以及非人道主义盛行。在整个20世纪,我们都能听到幸存者的呼声:"再也不要让这种悲剧重演。"我们有义务倾听他们的声音。

奥斯威辛的经历改变了你的身份意识了吗

伊比·尼尔[①]：在解放之初，每个人都感受到了作为幸存者的愧疚。为什么唯独我们活了下来？我们现在要做些什么才能配得上我们还活着的事实？对幸存者来说，这些想法很常见，而且会影响他们对待生命和行动的方式。在此基础上估量每一件事，努力成为一个更好的人。尽量不伤害别人，不中伤或贬低别人，因为你曾经有过被贬低的经历。

在解放的头三年里，我经历了精神崩溃。如果不是有一位非常了解我的丈夫，我可能都熬不过来。我已故的丈夫曾在第一次世界大战中当过兵，经历过堑壕战，他理解我的痛苦。又过了几年，我的精神状态才恢复正常。我把痛苦记忆锁到潘多拉的盒子里，扔进海里并抛掉钥匙。我绝不会谈及这些事，甚至不会和同样也曾被关在难民营里的母亲说这些。我们从来不就此向对方提任何问题，我们都当那段时间根本不存在。我在奥斯威辛集中营期间，不可能将善与恶隔绝开

[①] 伊比·尼尔（Iby Knill）：作家、大屠杀幸存者。她写了一本关于她的经历的书《没有数字的女人》(*The Woman Without a Number*)。

来，因此那段时期就消失了。在此后的许多年里，我闭口不讲德语，而德语以前一直是我主要使用的语言。直到2002年，我开始写一本书的时候，我才想明白，是时候记录下并让人们见证我所经历的一切苦难了。

分享奥斯威辛故事的重要意义是什么

伊比·尼尔：人们必须认识到，决不能让党同伐异的文化得到发展。看看年轻人，无论肤色或背景如何，他们都会一起玩耍。而成长到某个时段，他们就开始感到其他人与自己不同。我并不是说我们都应该恢复童真，而是应该保持这种平等的感觉，在肤色之外大家都是一样的。我认为，与年轻人讨论这个问题非常重要，会使他们认识到没有人性的文化的最终结果是什么。我花了大量时间与年轻人交谈，了解我们之间的差异，这让生活更有趣、更有价值。如果我们都一模一样，那世界就太单调了。

要清醒地认识到的一点是，在过去50年里，仅仅因为性别而被杀害的女性，比在整个20世纪的所有战事中失去生命的男性还要多。即便是今天,全世界仍有300多万女性在性交易中被奴役,另有数百万女性只是因为其性别就面临着经济、社会和文化上的不公正待遇。创立国际刑事法院的公约——《罗马规约》将危害人类罪定义为"政府或事实上的当局容忍或纵容的广泛暴行"的一部分。而正是在这一定义下,我们看到女性正在遭受21世纪最严重的人权暴行之一,并深受这种暴行之害。

在过去几年里,社会中系统性和制度化的性别歧视暴露在世人面前,其中最有力的例子之一就是通过#MeToo运动在媒体中揭露出性侵和性别歧视。在这场运动中,罗丝·麦高恩一直是一位引人注目的强大代言人,我想和她及其他人谈谈他们的经历,以及为什么现在谈论这件事如此重要。

为什么我们仍然需要围绕性别歧视进行对话

罗丝·麦高恩:人们为拖延如此长的时间才挺身而出而感到羞愧,所以我们仍然需要一次次进行这些对话。一些对话的内容很难听,没有人希望有这样的对话——但我们还是要把话说出来。挺身而出不是在公园里散步,也不是一种乐趣，成长并不容易，有时成长中也会受伤。在我们现在所处的时代，性别歧视一直是"可以容忍的"。我每天在媒体上受到极端性别歧视的对待，我也可以随时登录 Twitter，而那里同样充斥着性别歧视和令人讨厌的信息。很多人会说"我是好人"，我只想说他们可以变得更好一些。我不是种族问题方面的专家，自我 14 岁起，我就经历过一起又一起黑人在美国遭受的枪击事件，一切都没有改变，我们仍在谈论这样的事，当事人仍未被追究责任。我们生活在一个人们因为肤色而被杀害的时代，这个社会已经习惯于面对这样的恐惧。我们需要忘掉我们学到的东西，学习其他种族的知识，通过他们的眼睛、他们的作家、他们的媒体来取代之前的知识。我们必须让自己站在另一方的立场上，而不是置若罔闻。

女权主义意味着什么

劳拉·贝茨[①]：每个人都应该得到平等的对待，无论其性

[①] 劳拉·贝茨（Laura Bates）：女权主义活动者兼作家，她于 2012 年创办了"每日性别歧视计划"（Everyday Sexism Project）网站，收集了超过 8 万名女性日常遭遇的性别不平等的经历。

别如何。这很简单，也很清楚，这是女权主义的意义所在。认为女性拥有与男性同等的经济、社会和政治权利是女权主义的基础。如果同意这一观点，我希望每个人都说自己是女权主义者。

我是经历过不平等、性暴力和骚扰后才第一次接触女权主义的。2012年，有一段时间我遭受了这样的痛苦。我曾与其他女性交谈，问她们是否也遭遇过这些事情。我没想到会得到那么多人的回应。我曾认为，或许有一两位女性会在某个时刻开始分享，但和我交流的每一位女性都分享了她们的经历。那些女性向我讲述了她们那天来见我的路上的经历，或者她们的男同事会在午餐时间带客户去脱衣舞俱乐部的事。她们向我讲述是怎么在街上被跟踪、被骚扰和被虐待的。性别歧视的严重性和普遍性令我震惊，让我意识到周围的人对性别歧视是多么不了解。我采访过的一些女性告诉我，在我直接问她们这些事情之前，她们从未告诉过任何人。为什么？因为她们认为这只是正常生活，不想大惊小怪。性别歧视是一个重大问题，每天都影响着女性的生活。

女性所面临的性别歧视的规模和现实是什么样的

劳拉·贝茨：性别歧视是一个重大而严峻的问题。我们收到了来自世界各地女性的十多万份证词，发现其中有一些问题反复出现。

在英国，当女性试图大胆反对性别不平等时，却经常被告知，"你不知道自己有多幸运！看看其他地方的女性在遭受什么！"但问题是这样的：在英国，每年有 5.4 万名女性因为性别歧视而失去工作，8.5 万名女性遭到强奸，40 万名女性遭到性侵。认为女性在英国根本不会遭遇这些严重问题的想法是错误的。女性面临的问题错综复杂。我们能看到媒体对女性的敌意或街头发生的对女性的骚扰，也会看到人们对在会议中被歧视的女性或在家庭中被虐待的女性使用的同样的诽谤词语。忽视和原谅某些性别歧视和厌恶女性的理由是完全错误的，尤其是我们生活在一个暴力、虐待和不平等现象盛行的世界。性别歧视不是女性问题，而是人权问题。这不是诋毁男性，也不是伤害女性，而是关于人们要挺身而出反对偏见的问题。

为什么我们的文化如此严重地贬低女性价值，而只强调其外貌

贾米拉·贾米尔[①]：我认为女性一直以来被贬低为性工具或带娃机器，而很少被认为比吸引男性更有价值。让我惊讶的是，这种观念仍然盛行在20世纪90年代的某个时刻，当时我感觉变化真的要来了，女性掌握了权力，进入了很多重要领域。在时尚界，我们有劳琳·希尔、梅西·埃丽奥特和许多新故事。我们也有像索菲娅·科波拉这样的女导演似一颗明星在冉冉升起，我感觉女性到了一个真正的转折点，在这个转折点上，女性可以非常公开地展现自己的才智、勇气和风采。

但在那之后，我感觉情节又被逆转了。也许是因为在争取女权方面我们取得了太多进展，而父权制并不喜欢。今天，在社交媒体的帮助下，我们看到了有史以来对我们外表的最咄咄逼人的攻击。

[①] 贾米拉·贾米尔（Jameela Jamil）：英国女演员、主持人、模特、作家和活动家。她最近出演了美国全国广播公司（NBC）的系列剧《善地》(*The Good Place*)。

社交媒体如何影响人们自我定位形象

贾米拉·贾米尔：统计数字显示，我们看到的青少年自残和饮食失调症的发生率最高。女性容易受到各种攻击。清晨当我们在床上打开手机时，如果你是女性，也许你会遭到一些针对女性的算法攻击，让你对自己、对生活或对外表感到不安。青少年也难以置身事外，作为一个年轻的女性，如果你想加入社交媒体中，你会看到一些疯狂的广告，包括治疗软骨病、抑制食欲剂等药品——不管你是否需要它们。

名人也是具有危害影响的。95%的名人在无意中助长了女性被攻击的风气，她们对女性面临的问题避而不谈，只谈论外貌，她们不呼吁美化照片却又提倡外貌是最重要的，她们不承认自己的外貌，甚至为此去整容却又不敢承认。让我明确一点，我不介意人们做整容手术，但如果你做了却不承认，你就是在侵犯你的性别。

生活经历对你处理国际上女性面临的问题产生了什么影响

梅琳达·法兰奇[①]：以计划生育为例。在处理我们基金会的事务的过程中，我遇到过一些女性，她们告诉我，她们无法获得避孕药，她们在家庭中没有发言权。她们生的孩子太多，家里养不起，她们怀孕的次数太多，以致身体都无法承受。她们的遭遇让我思考避孕药在生活中意味着什么。事实是，它们意味着一切。我的家庭、我的职业生涯和我的生活都是我能够而且确实在使用避孕药的情况下正常运行的。比尔和我直到我们做好了准备才开始生孩子。我们的孩子出生时都间隔了 3 年，这对我们的家庭来说是正确的选择。如果你生活在美国或欧洲，会认为这样的选择是理所当然的。但是，全世界有超过 2 亿女性不想怀孕，却得不到避孕药。我从未料到自己会成为避孕药的倡导者，我也从未想过会公开

[①] 梅琳达·法兰奇（Melinda French）：美国慈善家。她曾担任微软公司的总经理，同时也是比尔和梅琳达·盖茨基金会的联合创始人，该基金会是全球最大的私人慈善组织之一。（译者注：2021 年 5 月，比尔·盖茨与梅琳达通过联合声明，宣布结束双方 27 年的婚姻。）

谈论自己与避孕药有关的经历，但我无法对我遇到的女性置之不理。

为什么女性在全世界受到如此多的不公正待遇

莱伊曼·古博韦①：这是因为世界的塑造方式。我们从未拥有过同样的活力。如果你回到过去，对于我们这些自称基督徒的人来说，世界的罪恶被归咎于妇女，夏娃被认为是一个让世界变得不完美的人。如果你是一个把世界从完美变得不完美的人，那么你就会受到惩罚。从那时起，父权制的思想和世界根基的故事使社会变得不平等。对于我们所处的地位，任何人都无能为力。我们能做的就是继续倡导平等，这样至少你能在隧道的尽头看到一线光明。

---

① 莱伊曼·古博韦（Leymah Gbowee）：利比里亚和平活动家、利比里亚妇女和平群众行动的领导者。该运动是一个非暴力和平运动，帮助结束了 2003 年第二次利比里亚内战。2011 年，她因杰出工作获得诺贝尔和平奖。

教育在全球发展中发挥什么作用

梅琳达·法兰奇：我在我的书《女性的时刻》里写过一个10岁小女孩的故事，这个女孩名叫索娜，来自印度一个贫困地区。我的同事加里代表我们基金会前往她居住的村庄坎普尔时，索娜径直走到他面前，递给他一份小礼物，然后对他说："我想要一个老师。"她一整天都跟着他，重复着这句话："我想要一个老师。"加里仔细打听了一下，知道了她不能去学校读书的原因，最终我们基金会的一些伙伴帮助她重返校园。我听到这个故事的时候，为索娜的勇气而感动，她勇敢地走到一个陌生人面前，向他求助以获得受教育的机会。

教育是一种力量，女童教育是世界上最强大的力量之一。如果所有女孩都能接受12年的高质量教育，那么她们一生的收入将增加30万亿美元，这一数字超过了整个美国经济的规模。我们还知道，女性受的教育程度越高，她的孩子就越健康。联合国估计，如果中低收入国家的所有女性都上完中学，这些国家的儿童死亡率将下降约一半。我们知道取得进步是可能的，因为我们看到了进步。在大力推动缩小教育中的性别差距后,现在大多数国家的小学招收的男孩和女孩数量几乎相当,但在中等教育方面仍存在性别差距,尤其是在撒哈拉以南的非洲地区和亚洲部分地区依旧差距明显。

你会给当代女性传递什么信息

莱伊曼·古博韦:不要轻视不起眼的开端。开始的时候,你可以和一个女孩坐在门口聊天。10年后,你可能会看到她在做一些了不得的事情,当她回顾过去的时候可能会说:"有一天,我在那个人的门口和她聊了5分钟,在和她的交流中很有感触。"无论你来自何处,无论你从何时开始,都要相信不起眼的开端可能会发展成伟大的事业。

劳拉·贝茨:你并不孤单,你背后有千千万万的支持者。我们正处于一个充满变革潜力和激动人心的时刻。更多的年轻女性站出来,互相帮助,挺身而出,一起开展令人难以置信的变革运动,参与的人比以往任何时候都多。你并不孤单,你正站在历史的潮头,如果人们愤怒并试图让你保持沉默,那是因为他们害怕你的权力和你的潜力。变革是很困难的,是一场战斗，但这是一场我们终将赢得胜利的战斗。等到现在参战的年轻女性回过头来看时，她们会对自己所取得的成就感到无比自豪。

你充满希望吗，你如何保持乐观

梅琳达·法兰奇：希望非常重要。我曾经称自己为乐观主义者，但我已故的朋友汉斯·罗斯林认为，也许可以用一个更准确的词"可能主义者"来描述我。他将可能主义者定义为：一种既不无缘无故地心怀希望，也不无缘无故地感到恐惧，以及经常反抗夸张的世界观的人。我认为可能主义者是现实的乐观主义者。我在过去20年左右的时间里去过一些世界上最贫困的地方，这加深了我对贫困生活的了解。直面贫困和疾病，现实从未变得容易，而且也不会容易。见证人们的生命和苦难很重要，感同身受地悲悯也很重要。但是，同样的工作也使我接触到一些非同寻常的人，他们同贫困和疾病作斗争，付出了自己的思想、资源甚至生命，并致力于拆除加在妇女身上的枷锁。他们每天都在做这项工作，相信一定会取得进展。我正在竭尽所能地支持他们，因为我也在做同样的事。

贾米拉·贾米尔：我们需要像应对烟草对公共健康的危害一样来应对社交媒体对女性产生的影响。我们遇到的情况是，女性不知道如何节制。我在朋友身上看到过这种情况，她们要么吃得太多，要么吃得太少，她们的心理受到了媒体相关言论的影响。耻感文化是不健康的，并不能带来什么好处，反而正在夺去时间和生命。这似乎是在以父权制的方式让我们转移视线，是一种既能分散注意力又能劫掠我们财富的好办法。如果我们每时每刻都在为自己的外貌担忧，那么我们就没有时间关注经商、学习或心理健康问题了。我们自身难以更好地发展，这是因为父权制认为，如果我们变得过于自信和自在，如果我们不再比男性早一个小时起床准备，如果我们不再少吃多睡，那么或许我们就会有更多的能力、更强的动力、更大的信心对他们发起挑战。看看他们如何对待希拉里·克林顿的——说她笑得不够！为什么女性要一直保持微笑？我们现在有什么值得微笑的？我们的节育权利被剥夺，数百万人被当作二流公民对待，我们陷入了性别绝望。为什么我们还要一直微笑？我们被认为只应满足直男的视觉享受。这是我们经常会听到的事，我们不得不永远只充当微笑的芭比娃娃。

在我写这本书的时候，有 72 个国家和地区的司法认定同性关系是犯罪行为，可处以几年监禁、无期徒刑甚至死刑。只要想一想，你就会意识到，用法律来禁止你可以和谁相爱、结婚和发生性关系是多么的武断。在这个声称有人权议程的世界，LGBT+ 群体受到的待遇是最大的言行不一和不平等现象之一。为了更多地了解我们当代最紧迫的问题之一，我与该领域最著名的两位活动家进行了交流。

性取向与身份的关系是什么

露丝·亨特[①]：在过去 10 年里，关于我们是谁的身份认同观念变得更为重要。对人们来说，能够明确无误地通过一系列不同的标签表明自己变得更加重要，这些标签往往通过社交媒体或其他方式对人进行标识。然而，我们所做的是将受保护的特性作为标签的一部分，并开始缩小身份认同范围，这创造了一种没有真正给予人们改变可能的僵化空间。当我们研究性取向和性别认同时，已经转向与身份认同有关的范

[①] 露丝·亨特（Ruth Hunt）：曾任英国最大的慈善机构 Stonewall 的首席执行官，该机构致力于改善女同性恋、男同性恋、双性恋和变性人的平等状况。

畴。作为一位女同性恋，我的身份不再仅仅由我和同性伙伴的关系来定义，而是伴随着其他身份因素，包括文化、社会、社交等。这真的是积极的变化，因为偏见的根源往往是过度关注 LGBT+ 群体的行为，而对他们是谁不闻不问。

LGBT+ 群体受到迫害与人权之间有什么联系

彼得·塔切尔[①]：人权原则是普遍的、不可分割的，适用于地球上的每一个人。如果你阅读联合国《世界人权宣言》第 1 条和第 2 条，你会发现平等待遇和非歧视的权利适用于每个人——没有"如果"、没有"但是"、没有例外、没有借口。从历史上看，就连许多人权维护者也从未将 LGBT+ 群体的权利视为人权的一部分。但逐渐形成的共识是，基于普遍人权原则，LGBT+ 个人应得到与其他人一样的保护。为达到这一目的而进行的斗争是漫长且艰难的。即使在联合国的人权理事会上，多年来有很多人直截了当地拒绝将 LGBT+ 权利视为人权。直到科菲·阿塔·安南担任秘书长后，联合

[①] 彼得·塔切尔（Peter Tatchell）：英国人权活动家、彼得·塔切尔基金会现任主任。50 多年来，他一直在为 LGBT+ 群体和其他人权运动奔走。

国才有了一位一贯和坚决支持 LGBT+ 权利的领导者。2008年，联合国大会首次审议了 LGBT+ 的权利，即便如此，193个国家和地区中也只有 67 个国家赞同谴责、歧视和暴力侵害 LGBT+ 群体的声明。

你对未来抱有希望吗

彼得·塔切尔：历史就像玩蛇梯棋，刚前进了两步，又后退了一步——尽管如此，它还是前进了一步。有时，正如我们在纳粹期间所看到的那样，我们也可能会后退许多步，但人类历史的总体轨迹是朝着更完备的人权发展的，尽管我们的世界存在缺陷，但总体来说，现在人们在经济和社会方面都生活得更好。情况并不像应有的那样公平，但与 50 年前相比，我们无疑在促进平等方面取得了长足进步。

说到 LGBT+ 群体的权利，平等权利议程的最大缺陷在于，它暗示这一群人只想融入占主导地位的异性恋社会。这意味着他们对社会没有什么贡献。他们只是想与现有的主流文化接轨，他们接受占主导地位的社会规范，并不反对它们。有些人可能希望如此，但在 LGBT+ 文化中也有很多东西是异性恋们可以学习的。男同性恋或双性恋男性与传统的异性恋男性不同，他们发展出了一种新的做人方式。我并不是说LGBT+男性没有阳刚之气，而是说大多数男同性恋者没有那种大男子主义和不良的男子气概。他们更能体会自己的感受，或许这就是为什么在创造性和关怀性的职业中，男同性恋和双性恋男性的数量不成比例地多。另外，女同性恋者对提高女性地位做出了重要贡献，她们在一个世纪前的妇女参政运动中和20世纪70年代的妇女争取学习和工作机会的斗争中发挥了非常重要的作用。通过进入这些仅限于男性的职业，她们为所有妇女——不论其身份如何——开辟了新的机会。从这些意义上说，LGBT+群体对社会做出了重大贡献，他们具有异性恋群体需要学习的洞察力。

在21世纪，互联网上普遍存在施虐和歧视现象，社交媒体为仇恨言论提供了平台。2016年，英国就欧盟成员国身份举行公投时，我曾在网上看到少数人发出的辱骂和有关种族主义的言论，他们觉得围绕移民问题的辩论实际上是向他们发放了虐待有色人种的许可证。喜剧演员兼作家大卫·巴蒂尔和作家马特·海格都向我讲述了网络上的施虐行为和社交媒体的负面影响，非常具有说服力。

网络上展现出的人性是如何影响我们的

大卫·巴蒂尔[①]：有趣且可怕的是，我们在线上和线下看到了同样的行为。如今，无论好与坏，网络占据了我们大部分现实的生活，网络话语已与现实生活相结合。一个具体的例子是唐纳德·特朗普的当选。如果没有社交媒体，像特朗普那样的人绝对不会成为总统，这不仅仅因为他在 Twitter 上很活跃。唐纳德·特朗普的观点充满了傲慢，没有同理心。而当他出现在社交媒体上时，却吸引了非常多的支持者。赞同特朗普的人在社交媒体上找到了自己的位置——不仅仅是在 Twitter 上，也在 Reddit、4Chan 等其他社交媒体上通过刷屏找到存在感。有些人喜欢说："这些都不重要，我们只是在网站上发泄，与现实世界无关。"有一种老掉牙的观点认为，这种言论只存在于社交媒体的泡沫中。但事情没那么简单。人们可能认为有些情绪离开了 Twitter 就难以为继，但我认为你在 Twitter 上看到的愤怒情绪和两极分化在现实生活中绝对也是真实存在的。

[①] 大卫·巴蒂尔（David Baddiel）：英美喜剧演员、作家、编剧和电视节目主持人。

怎样才能遏制社交媒体被滥用

大卫·巴蒂尔：这些社交媒体平台对网上的仇恨言论和谎言的态度十分模糊。它们的立场是，一切可以放到互联网上的东西都应该放到互联网上。如果20年前有人来找我们说："会有一种技术让所有人都能分享一切，目睹对方的生活。"我们会说："哇！这太棒了！"我们本来以为互联网会使世界上的真相增多。但结果恰恰相反。它增加了谎言的数量，因为人们不会说真话——他们只会说自认为的道理、经过歪曲的真相以及鼓吹式的真理。

平台通常不删除用户账号或信息，部分原因是它们的收入来源于尽可能多的用户量和尽可能多的内容，也因为它们根本就没有技术能做到这一点。反犹太主义者曾引用了一句话，大致意思是"要知道谁统治你，只要找出谁不允许你批评他"，人们曾误认为这句话是伏尔泰说的。有一张写着这句话的照片之前曾在 Twitter 上展示，照片上是一只标有大卫之星的手，在挤压他人。这张照片已经成为网上反犹太情绪的代名词，现在反犹太分子经常在不上传图片的情况下引用那句话，计算机算法很难识别这种行为。还有一点很重要，就是要认识到，网络愤怒和谩骂不仅仅是因为存在网络喷子，它还和暴民心态有关，也与道德坍塌有关。那些在 Twitter 上大骂"我讨厌你"的人远没有那些自认为他们站在正确和真理一边的人重要。这个世界上所有可怕的事情几乎都是由认为自己站在正义一边的人做出来的。

新闻和社交媒体对心理健康有什么影响

马特·海格[①]：恐惧是一种非常强烈的情绪。我们在进化的过程中，出于自身生存的原因，经历了恐惧。但我认为恐惧正在被愤世嫉俗滥用，恐怖分子显然在以愤世嫉俗的方式使用恐惧，制造恐怖背后的意图是让你感到害怕。恐惧也被于其他各种目的，周围的许多东西都在试图让我们感到焦虑。

营销人员常常使用"FUD"策略，它是"Fear, Uncertainty,

[①] 马特·海格（Matt Haig）：英国作家。他的畅销回忆录《活下去的理由》（*Reasons to Stay Alive*）在46周时间里保持在英国畅销书排行榜10强的位置。他曾多次获奖，3次获得卡内基奖章（英国最权威的童书奖项）提名。

Doubt"的缩写，代表恐惧、不确定性和疑虑。他们试图让我们产生怀疑和恐惧，让我们担心自己是否老了，从而推销他们的反衰老产品。政治家也试图使用此策略让我们感到焦虑。恐惧是一种非常强烈的情绪，很容易操纵我们，甚至新闻也利用了这一点。当可怕的事情发生时，我们会以一种不同于以往的方式来体验它。以前我们每天只阅读两次新闻，而现在社交媒体带来的是实时体验，我们几乎以一种沉浸式的方式来体验它。它会干扰我们的思维，甚至会导致破坏性的政治行为或精神疾病。

和慈善组织"取代战争"一起，我访问了世界各地面临压迫、边缘化和受歧视的变革者。在很多情况下，我们都看到，激进主义和抗议是创造变革的最有力的工具。毋庸置疑，社交媒体放大了社会中一部分有害的内容，但技术也使变革运动具有了深远的意义，不仅便于群体的组织和交流，而且让世界能够看到它们的信息。例如，在2000年，抗议者挑战或推翻阿拉伯世界独裁领导者是不可想象的，但在2010年之后，随着"阿拉伯之春"运动的开始，这种事情恰恰发生了。

为什么我们的社会需要激进主义

L. A. 考夫曼[①]：公民的激进主义向来是对政府行为的矫正，尤其是那些只代表少数人的政府。历史一次又一次地向我们表明，当现存的机构变得行动迟钝或损害人民的利益时，激进主义就是人们能够取得一定成功或保护现有利益的方式。

你从哪里得到奋斗的勇气

加德·萨德[②]：我的个性不允许我容忍胡说八道，忍受着对真相的攻击而不做出回应。当看到无休止的对真相的攻击时，我的心理会受到伤害，真相在我的个人行为中比对事业的渴望更有分量。我是个勇士吗？不。当我晚上睡觉，在睡着之前，我需要反思有什么是我本该做的。要是我选择不做，

[①] L. A. 考夫曼（L. A. Kauffman）：美国活动家和记者。她的文章聚焦抗议运动的历史和影响，包括民权运动和2017年的妇女游行。

[②] 加德·萨德（Gad Saad）：教授、进化行为科学家、YouTube节目《萨德真相》（*The SAAD Truth*）的作者和主持人。

就说明我很懦弱。这种反思有助于我的睡眠，因为我已经跨过了我认为是正当的个人行为的门槛。你必须把你的标准定得足够高，以捍卫真理，而不是捍卫自私的心理。世界上所有发起深刻变革的人都超越了自己，对吧？

伟大的人应运而生。你不一定要成为一位著名的教授，但你可以在个人行为上表现出色，所以当你躺在床上时，你可以说"我已经竭尽所能了"。除非每个人都能培养出这种严格的自律行为，否则他们将继续把责任转移到少数人身上，然后就会输掉这场思想之战。

你会给下一代活动人士提出什么建议

L. A. 考夫曼：当涉及信息活动时，抗议是有效的。如果你想产生影响，你就必须使用更有力的公民参与手段，尤其是当形势似乎对你不利时更应如此。在非暴力直接行动的"工具箱"中，有大量可以使用的工具，包括演讲、封锁和其他更具破坏性的工具。在受到严重威胁时，我们需要把这个工具箱作为一个整体来看待，并使用我们能够采取的所有方法来实现我们需要的改变。

"歧视"一词很有意思。从字面意义上看，它是指区分、观察或标记的行为。这种定义或许让"歧视"看起来与人无害，但现实是，歧视已经成为现代社会最强大的武器之一。

在跑步比赛中，跑道间有明显的分界线把选手分开，正如德克斯特·迪亚斯告诉我的，种族是一个在科学或生物学中根本不存在的概念。研究显示，事实上我们都只是有着不同迁徙轨迹的非洲移民。我可能会"认定"自己是印度裔人，但通过对自己的 DNA 进行测序，我知道我的祖先可以追溯到单倍群 L①（母系）和单倍群 A②（父系），我是生活在近 20 万年前的两个东非人失散已久的孩子，你们也是，我们所有人都是。这是我们存在的美好真相，然而种族神话却被精心打造出来分裂我们、组织我们，有时甚至利用我们。通过制造种族差别，我们共同的人性被剥夺，结果所有人都变得更可悲了。然而，种族并非唯一的分界线。无论是性别、性取向、能力、收入、政治倾向、宗教、社会地位、阶级，还是我们给自己贴上的其他标签都起到这样的作用。我们发现自己已经陷入四分五裂中。

---

① 单倍群 L 属于人类 Y 染色体 DNA 单倍型类群之一，由基因标记 M20 定义，分布于印度。
② 单倍群 A 属于人类线粒体脱氧核糖核酸单倍群，主要分布在北极圈附近。

世界先后经历了两次世界大战（更不用说以前的多次冲突），才通过了一项被普遍接受的《世界人权宣言》。正如彼得·塔切尔所说，这些权利是普遍的、不可分割的，适用于地球上的每一个人。该宣言的前沿和中心在于第1条和第2条，其提出的原则不仅是人人生而自由，在尊严和权利上一律平等，而且人人有权享有与平等待遇有关的权利和自由，不受歧视。这是不容置疑的，没有如果，没有例外，也没有借口。然而，我们仍然看到有同胞受到歧视和被边缘化，他们遭遇苦难，生命受到威胁，生活窘迫，因为虽然我们将一些权利写入了文件，但我们还没有彻底落实，没能让人们生活在一个完全没有歧视的社会中。

消除歧视不是一个社会问题或文化问题，而是一个正义问题。我们是一个在技术、社会和文化上都很复杂的物种，拥有自我毁灭的力量和武器。因此，对于我们所有人来说，最好的情况是相互合作，彼此和平。不过正如德国社会学家和哲学家西奥多·阿多诺（Theodor Adorno）所说："人类的进步可以概括为从长矛到导弹的进步，这表明尽管我们变得更聪明了，但我们的确没有变得更明智。"要实现真正的平等，就必须全面地解释和应用"正义"的概念。毕竟社会是基于这样一个原则之上的，即每个人都要努力生活，社会合作能使所有人都有可能过上更好的生活。

工业化时期可能被认为是人类的"青春期",但社会无疑已经成熟,通过创造、创新、技术和知识变得强大,这为我们(主要是在西方国家)提供了大量经济机会和比人类历史上之前任何时期都更多的财富。工业化使社会变得聪明,但我们现在看到的巨大的不公正使我们如履薄冰。正如作家兼哲学家艾茵·兰德(Ayn Rand)所指出的,社会是"让人摆脱男性的过程"。这种观点得到了罗丝·麦高恩的赞同,她告诉我们应该忘掉所学到的知识,通过对方的眼睛来看待世界。沃尔特·克朗凯特(Walter Cronkite)的观点让我得出结论:没有所谓的一点点自由。你们要么是自由的,要么是不自由的。

06 冲突:战争、和平与正义

在战争开始之前，或者直到战争不可避免时，解决或调停机制往往不会发挥作用，我认为这是许多冲突的可悲之处。

——伯蒂·埃亨

2019年，我和一个来自国际慈善机构"取代战争"的团队来到乌干达北部。那里的土壤是红色的，却随处可见黑色金属，这提醒人们脚下的这块土地经历了数十年残酷的机械化冲突，包括从1971年伊迪·阿敏·达达（Idi Amin Dada）发动的政变、1981年与奥博特政府的内战，到由科尼（Kony）和他的高级指挥官领导的乌干达和上帝抵抗军（Lord's Resistance Army）之间长达20年的战斗。后一场冲突使乌干达北部、苏丹南部和刚果东部遭受了重创，使该地区暂时陷于分裂，一度成为地球上最危险的地方之一，给数以万计的人带来了永久创伤，并造成身体残疾，150万人被迫从他们的牧场离开，搬入肮脏的难民营，并在难民营里生活了近20年。这是一场国际社会几乎没有注意到的战争，因为国际社会的目光被邻近的苏丹达尔富尔、卢旺达、刚果、索马里和苏丹西部的危机吸引。乌干达的和平相对短暂。10年前我们的慈善机构刚到那里的时候，我们所看到的现实是：饱受战争蹂躏的农民在种植他们赖以生存的作物的同时，仍不得不小心翼翼地避开地雷。

我在古卢和基特古姆，遇到了一些世代以战争为生的人。现在乌干达处于和平状态，人们都厌倦了枪声，希望实现脆弱的和平。这个国家希望向前迈进，创造一种新的生存方式。在哥伦比亚、委内瑞拉、巴勒斯坦、刚果民主共和国、肯尼亚、苏丹、叙利亚、南非、巴西和许多其他地方，我们看到了类似的情况：旷日持久的冲突耗尽了人们的精力，取而代之的是对重建和继续前进的需求，同时人们也希望获得某种正义。据统计，在人类有记录的3 500年历史中，只有270年是处于和平中的。有人可能会争辩说，冲突是人性的重要组成部分，没有冲突是一种反常现象。但是，我们社会中的冲突和战争的实质是什么，我们有多大的机会能看到一个和平的世界？

在本章中，我与那些冲突结束之后，重新塑造社会的人进行了一些对话。因在谈判和平协议和结束使用大规模杀伤性武器方面的杰出贡献，希林·伊巴迪博士、芬兰前总统马尔蒂·阿赫蒂萨里、莱赫·瓦文萨以及乔迪·威廉姆斯教授都获得了诺贝尔和平奖；扎伊德·拉阿德·侯赛因担任过联合国人权事务高级专员和联合国安理会主席；本·费伦茨是纽伦堡审判最后一名在世的检察官；古尔瓦力·帕萨雷是一位来自冲突地区的难民，他经历过现代战争并深知战争的影响。

为什么会存在战争和冲突

希林·伊巴迪[①]：战争对人类来说仍然是最有利可图的事，我们看到许多经济危机通过战争得到解决。许多人失去生命只是为了让富人变得更富有。

---

① 希林·伊巴迪（Shirin Ebadi）：伊朗政治活动家、律师、人权活动家、伊朗人权捍卫者中心的创始人。2003年，她获得诺贝尔和平奖，这使她成为第一位获得诺贝尔和平奖的伊朗裔女性和第一位穆斯林女性。

马尔蒂·阿赫蒂萨里①：思考这个问题时，我开始想为什么我们在芬兰没有看到任何此类冲突。我们在和平中生活了70多年。我们多年来一直生活在相对和睦的状态下。人们感到，政府为他们工作，公务员们也在为他们工作。人与政府之间存在信任，政府得到80%以上的支持率。在世界不同地区，我们看到一种对权力的不可控的原始渴望，人们在那里制造战争和冲突。如果身份和地位存在巨大的不平等，暴力就很容易成为唯一出路。充分的证据表明，公平和公正的社会中的暴力事件发生的概率很小。

莱赫·瓦文萨②：之所以在一些欠发达地区存在冲突，是因为那些地方还存在基本需求难以满足的问题。在过去，人类为土地而斗争，为国家的扩张而战斗，所以我把那个时代称为土地时代。如今，在现代文明中，我们花钱是为了购买知识而不是食物和衣服，我们和其他国家成为商业伙伴，他们对消灭我们不感兴趣，他们需要我们购买他们的商品、汽

---

① 马尔蒂·阿赫蒂萨里（Martti Ahtisaari）：政治家、诺贝尔和平奖得主和联合国外交官。他于1994年至2000年担任芬兰第十任总统，因促进国际和平而闻名。
② 莱赫·瓦文萨（Lech Walesa）：政治家、诺贝尔和平奖得主和波兰前总统。他是波兰首位民选总统，曾获得数百项荣誉，包括40多个荣誉学位。

车、计算机等。如果我们国家和其他国家的发展水平相当，发生冲突的概率就会低得多。

伯蒂·埃亨[①]：武装冲突是对世界正常运转的诅咒，但它往往是无法通过谈判解决问题的结果，或者是人们没有努力进行调解、仲裁或对话的结果。我们经常看到政府或人民因历史分歧或糟糕的政策而产生冲突。世界上一些最旷日持久和最残酷的武装冲突也是政府行为不当的结果，那些国家拥有丰富的矿产资源，与其他国家或私营公司在没有征得当地人民同意的情况下签订开发合同——尼日尔三角洲就是这种冲突的典型例子。不幸的是，在战争开始之前，或者直到战争不可避免时，解决或调停机制往往不会发挥作用，我认为这是许多冲突的可悲之处。

乔迪·威廉姆斯[②]：不同的冲突源于经济、政治和其他社会因素，或多个原因的叠加。种族和宗教常被用作煽动民众

---

① 伯蒂·埃亨（Bertie Ahern）：2008 年从爱尔兰总理的职位退休，他是 60 多年来首位连续三次当选的爱尔兰总理。他在历史性的北爱尔兰权力分享框架《耶稣受难日协议》（*Good Friday Agreement*）的谈判中发挥了重要作用。
② 乔迪·威廉姆斯（Jody Williams）：美国政治活动家。她因在禁止杀伤性地雷方面的工作而获得 1997 年的诺贝尔和平奖。此外，她还获得了 15 个荣誉学位，曾被《福布斯》评为全球最有影响力的 100 名女性之一。

参战的工具,但我认为宗教本身并不太可能导致战争,战争几乎总是关乎金钱和权力。用来鼓动大众参战的工具可能是种族、宗教或任何能够让敌人显得与我们不同或不如我们的因素。这样,战争就可以被证明是有价值的了。另外,气候变化确实影响人口流动,并助长冲突。如果我们研究苏丹和达尔富尔的局势,会发现导致这种局势的部分原因是该地区持续荒漠化,使游牧群体越来越远离历史上能够饲养牲畜的地区,不得不和生活在其他地方的人争夺土地。经济也是一个非常重要的因素,欧洲各地的许多大规模示威活动都与经济停滞和崩溃有关,无疑那里被播下了暴力冲突的种子。

什么原因导致和平破裂

扎伊德·拉阿德·侯赛因[①]:今天几乎所有武装冲突的根源都和严重侵犯人权有关。你能想到有多少冲突是直接的边界争端,而不会和其他镇压措施或权利议程的冲突扯上关

[①] 扎伊德·拉阿德·侯赛因(Zeid Ra'ad Al Hussein):宾夕法尼亚大学法律和人权教授。他曾是联合国第六任人权事务高级专员,并担任过联合国安理会主席。

系？至少我一个也想不出来。

所有这些现象的根源都是人们的基本权利和基本自由被剥夺，以及有人依靠剥夺这些权利而生存。经济学家可以用委婉的词汇来描述这些问题。他们谈论排斥和包容的方式非常隐晦，所以你不会对此提出疑问。现实情况是，排斥往往是由蓄意的种族主义、沙文主义政策、偏执和其他因素组成的。当我们谈论包容性政策和包容性经济时，我们需要面对那些将社会的一部分排除在劳动力市场之外的人，并且说："你不能这样做。"

人们有这样一种错误观念，即技术和投资模式的变化导致有些人从就业的推车上跌下来，因此我们必须让他们重新上车，在很多国家，受歧视的这部分人从来都不在就业推车上，他们总是被排除在外。此外，移民、逃离冲突和气候变化的难民以及受紧缩政策影响的人也受到同样的干扰。当你关注那些被疾病困扰的人时，也会看到类似的情况。人权没有得到应有的重视，精英阶层的利益主导着经济，我们国家的组织结构和安全政策在为这些精英阶层提供保护，同时损害其他人的利益。

冲突和暴力是人性的一部分吗

希林·伊巴迪：就像侵略性和嫉妒是所有人固有的品性一样，暴力和战争也是如此。通过教育和培训，我们有可能驾驭人类固有的品性并加以预防。不幸的是，在今天的学校里，历史课程往往在歌颂战争，而不是谴责战争。我个人认为，如果我们想改变现状，就必须改变学校的教育观念。

马尔蒂·阿赫蒂萨里：如果它不是人性的一部分，就不会发生那么多的冲突。当然，冲突也有现实的原因，可能是有些人因为气候变化或被侵略而失去了土地或水源。我认为，即使在这种情况下诉诸武力也不能说明其具有正义性，但这可以解释为什么会发生冲突。

阿赫蒂萨里认为战争是人性的一部分，这种观点似乎有争议，因为我们都认为自己是"善良的"人，但人们很容易忘记把社会维系在一起的纽带到底是多么复杂和脆弱。和其他所有动物一样，人与人之间也天生容易发生冲突，这需要我们社会建立纽带并利用我们的文化来抵制这些原始本能。为了社会和平，我们不能无视这些基本人性，也不能太过脆弱，我们需要承认暴力冲突很少是合理的。

战争或冲突是合理的吗

乔迪·威廉姆斯：我们经常对此展开争论。我们坐在这里的时候，一个重要的争议点是，对于在叙利亚内战中疑似使用化学武器的情况，做出军事回应是合理的选择吗？还是说美国把自己逼入了绝境，之前声称有一条红线是不能跨越的，既然红线已经被跨越，他们就别无选择了？如果我们看看美国及其在中东和北非的军事行动，包括轰炸利比亚、在也门和索马里发动无人机袭击、入侵伊拉克、卷入伊朗-伊拉克战争等，就很难想象任何该地区或与该地区有关系的人除了把美国视为彻头彻尾的侵略者，还会怎么看待美国呢？我想，正当战争的最典型例子是第二次世界大战，那也是被反复提及的案例。但自那以来，有任何战争是合理的吗？我不那么肯定。

希林·伊巴迪：迄今为止，在我的一生中，我没有遇到过任何可以最终被证明是正当的战争，因为战争孕育了暴力。如果看一下过去 20 年的历史，无论在哪里发生战争，它带来的从来不是和平和安宁，看看伊拉克、利比亚和阿富汗就知道了。

马尔蒂·阿赫蒂萨里：我认为防御性战争是正当的。我曾经是一个流离失所的人，幸运的是在我自己的国家。苏联进攻芬兰时我才两岁，我们损失了 11% 的土地，但我们从未被占领过。卡贾洛哈有 40 万人口，我就来自那里，我和我的家人必须在芬兰其他地方重新定居，我认为那是我们的权利。许多邻近国家的决定有所不同，但我为我们的自卫行为感到非常自豪。1918 年，在我们独立的第一年，芬兰发生了内战。人们自相残杀。这可能是我们与俄罗斯冲突的反映，但也是许多怨气激化的结果，比如农民没有土地、贫富差距很大等。我们最后摆脱了这种状况，建立了一个包容性的国家，使每个人都有机会参与政治。在 10 年的时间里，那些输掉战争的人最终也都加入了政府。社会民主党推行平等主义政策，每个政党都逐渐接受了这一政策。全社会都认为应该给每个孩子一个公平的机会，在孩子出生前后给他们创造良好的医疗环境，在他们的成长过程中给他们提供良好的教育环境。孩子不用在贫困里苦苦挣扎，不管经济条件如何，他们都拥有每一项权利。

莱赫·瓦文萨：暴力永远是一个糟糕的选择。我总是在寻找一种创造和平的方法，但我明白世界上可能会有这样的情况：你要想活着，就需要杀死别人。我们对此负有责任，因为我们应该帮助那些处于这种境况的人，为他们创造一个安全环境，让他们不必做出这样的选择。

全球秩序有多脆弱

扎伊德·拉阿德·侯赛因：令人惊讶的是，第一次世界大战、第二次世界大战和西班牙流感的死亡人数累计有1亿至2亿，这迫使我们更加理性地思考，不能只追求狭隘的私利而牺牲广泛利益，然而在这方面进展缓慢。为什么很多似乎不言而喻的事情，比如平等、非歧视和反种族主义需要很长时间才能成为常态？为什么社会中的大片领域仍在固守原始的思维方式？为什么我们不能吸取历史上的深刻教训？我非常佩服的作家塞西尔·刘易斯在1936年出版了一本书，书中回忆了他在第一次世界大战中的经历，他提到了人类难以战胜自身的愚蠢本性。他并没有提到女性，因为在战争和冲突方面，男性才是从根本上愚蠢的那个。事实上，和平是非常脆弱的。

建设和平与和解进程的开端是什么

马尔蒂·阿赫蒂萨里：不管是内部纷争还是外部势力参与其中，冲突总是会留下印记。在许多情况下，要开始和解进程非常困难，这样的例子太多了。在我的国家，通常是赢家拿走一切，但包容性政策出台了，谢天谢地，我们在这方面做得还不错。然而仍然有人记得发生在他们身边的事情，而且我们并不总能看到像南非人那样心胸宽广的人。还有一些例子，例如波斯尼亚和黑塞哥维那，它们有3段不同的历史：克罗地亚族的、塞尔维亚族的和波斯尼亚族的。即使你宽恕他人，冲突仍然留下苦难，因为你无法抹消已经犯下的暴行。

作为一名和平调解人，我在许多情况下的最大作用是帮助实现社会行为的改变,确保人们知道过去发生的事情永远不会重演。纠正一个社会中的所有不当行为是不可能的。例如,北爱尔兰在很大程度上实现了和平,但和解进程尚未完成。如果发生冲突,最好做好准备,因为纠正冲突所遗留的社会问题将花费很长时间。和解的第一步是尽可能简化流程。如果你认为可以一劳永逸地解决过去所有的问题,那和解就无法进行。你必须为未来而努力,而你的努力也并不能让所有人都满意,有时还会让和平的实现变得更加复杂。人们认为在签署停火协议之前,各方都应该达成一致,我在缅甸与格罗·哈莱姆·布伦特兰和吉米·卡特参与过这种讨论。很多时候,你需要首先实现和平,就社会上存在的所有不满展开对话,而你永远无法解决所有不满。

在获得诺贝尔和平奖时,我说过我们可以解决世界上的所有问题和冲突。我不明白为什么塞浦路斯和克什米尔的局势仍然紧张。我记得在科索沃和谈的时候,一位来访者问我为什么那么着急,还有那么多悬而未决的冲突!我告诉他,他不应该指望我或其他任何个人能解决世界上更多的冲突,发生这么多冲突本身就是国际社会的耻辱。

伯蒂·埃亨:建设和平社会是一项艰巨的任务,有时关乎时机问题。战争和暴力往往是不可避免的，战斗人员——无论是非法组织、准军事组织还是政府军队——经常拒绝进行对话，而且需要很长时间去沟通才开始考虑和平战略。在某个阶段，人们在遭受打击后会厌倦冲突，或者有人试图勾画更宏大的图景，于是会伸出友谊之手。这些是我个人在寻求和平过程中的一线希望。冲突各方坚持己见是站不住脚的，达成某种形式的协议对所有人来说都是更好的选择。如果人们安于现状，如果他们不准备改变，那么你也无能为力，这样，冲突通常会无限期地持续下去。

如何才能创造持久的和平

扎伊德·拉阿德·侯赛因：如果我让你说一个实现和平的方法，你是不会告诉我的，因为根本就没有这样的方法。经过70年的努力，我们仍然没有如愿以偿。在伊拉克的一场战争之后，我们介入并致力于建设和平。我们培训官员，把钱投入重建实体基础设施和行政管理机构上，但我们从未想过我们该如何应对叙事、历史记忆和身份问题。谁是人民？他们如何看待自己？为什么每个人对一种共同的经验会有不同的解读？伊拉克、波斯尼亚和黑塞哥维那的情况都是这样。这么多国家都出现类似的情况，难道不更证明了其中存在一个完全无法填补的漏洞吗？

环顾当今世界，人们看到了巨大的改革热情，代表殖民时期种族主义的雕像被拆毁，但被压抑的沮丧情绪一直没有得到缓解。我们作为一个社会整体，愚蠢得让人吃惊，当我们需要适当而深入的交流时，我们会把头埋到沙子里假装问题不存在。如果我们在叙事方式上没有达成一致，那么历史上任何一个时期都可能发出冲突信号，对此我们必须妥善应对。你不能对其视而不见，因为它会制造并形成社会分裂。当涉及如何处理和平问题时，我们是非常短视的。

文化与宗教和冲突与建设和平之间的关系是什么

希林·伊巴迪：跨文化理解是提升人类尊严的一个因素，跨文化理解也有助于建设和平。如果生活在一个无法容忍我的文化或宗教的社会里，我的人格尊严将被侵犯。

莱赫·瓦文萨：在我们的和平运动中，宗教具有某种能使我们团结起来的力量。我认为音乐、艺术、宗教、文化能够团结大众，帮助他们思考和进行感情交流。如果人民团结在一起，他们就可以按照自己的设想进行和平建设。

有些行为是不可宽恕的吗

玛琳娜·肯塔库奇诺[①]：正如我说过的，宽恕是一个充满争议的领域，这完全是个人问题。对于有些人来说，宽恕是以悔恨和道歉为条件的。还有人说，出于多种原因，可能永远无法道歉或懊悔，因此，如果你等着他人道歉，并期待其产生悔意，那么你就是在把权力交到错误的人手中。因此，宽恕是一种自我治愈和赋予权力的行为。所以对一个人来说不可饶恕的事情，可能对下一个人来说并非不能原谅。

以伊娃·科尔为例，很难想象她怎么会原谅纳粹医生，尤其是原谅在奥斯威辛集中营对仍是儿童的她进行实验的约

---

① 玛琳娜·肯塔库奇诺（Marina Cantacuzino）：英国记者。她也是致力于通过事实探索宽恕和正义的非营利性组织"宽恕计划"（The Forgiveness Project）的创始人。

瑟夫·门格勒医生。但她确实这样做了，她非常清楚宽恕对她意味着什么。她说："我选择原谅不是因为他们应该得到原谅，而是因为我应该得到解脱。宽恕其实是一种自我治愈和自我赋权的行为，我称之为奇迹医学，它是免费的，有效果，而且没有副作用。"事实上，法国哲学家雅克·德里达认为，并非所有的过错都是可以原谅的。他指的是那些永远无法理解、忽略或消除的错误，无法通过补偿或和解来得到原谅。

宽恕能代替复仇吗

玛琳娜·肯塔库奇诺：裘德·怀特的母亲在北爱尔兰的教派冲突中被爱尔兰共和军的炸弹炸死。他说："你可以说，我用原谅来作为对谋杀我母亲行为的复仇方式，因为这让我变得坚强。"这种说法告诉你，是的，原谅可能是一种强有力的复仇方式。一些作恶者想让你受困于他们的恶行，永远为痛苦所累，而宽恕则切断了与他们的关系。以斯嘉丽·刘易斯为例，她6岁的儿子杰西是桑迪胡克小学屠杀事件中遇害的20名儿童之一。她花了很长时间才宽恕了凶手，她说："宽恕的感觉就像是给了我一把大剪刀来剪断关系，重新获得个人权力。"

一旦你能够原谅伤害了你的人，他们就不再能控制你的精神。正如伟大的爱尔兰作家奥斯卡·王尔德轻率但非常准确地说："原谅你的敌人，因为没有什么比这更令他们烦恼的了。"

莱赫·瓦文萨：宽恕是一种美好的行为，但这样做并不容易。有时人们会经历太多的暴力，失去家庭、住所和健康，让他们宽恕行凶者很难。宽恕的作用非常重要，即使宽恕只意味着停止报复。

宽恕一个人是很难的，那些曾经不得不宽恕他人的人都通过亲身经历明白这一点。即使在我们相当平静的生活中，宽恕一些无关紧要的行为可能也需要数月，有时甚至数年的自我平复时间。和"取代战争"的团队一起访问南非时，我们遇到了一名男子，他曾经是一个极端暴力团伙的高级成员，杀害了一个社区里的一家人，而他现在为这个社区提供服务和帮助。令人难以置信的是，社区慷慨地原谅了他，因为大家知道，他的工作是防止其他年轻人走上同样道路的最大希望。宽恕不一定是无私的，也不一定是自私的，但它必须是真实和可持续的。

在变得分裂的社会里，如何能积极地缔造和平

伯蒂·埃亨：也许是因为我在20世纪80年代、90年代和21世纪头十年参与了政治，所以我是一名多边主义的信徒。我非常尊重和珍视通过几代人的努力建立起来的多边组织，例如联合国开发计划署。但非常令人担忧的是，多边主义的基础正在受到损害和破坏，尤其是在过去两年中更是如此。因此，比以往任何时候都更重要的是，解决冲突的组织应共同努力，在政府系统之外建立多边联系机制。但目前进展还不理想，而当政府准备发挥更大作用为解决这些问题提供资金时，情况会好得多。像挪威这样的国家在这方面做了大量工作，但现在比以往任何时候都困难，因为在解决问题的过程中，并非所有国家都会选择伸出友谊之手。

我们会看到一个没有冲突的世界吗

乔迪·威廉姆斯：如果人们真的关心这个问题，那么这

肯定可以在我们后代的生活中实现。这是可能的！人们必须站出来拒绝少数领导者发动的战争，正是那些人从战争中获得了更大的权力和更多的金钱、资源等。

马尔蒂·阿赫蒂萨里：为了回答这个问题，我回顾了一下我的国家。有了人民的支持、包容性政策和平等主义政策，就可以创造一种环境，为每个人提供机会，从而减少冲突。如果你研究一下美国等国家监狱中服刑人数的百分比，你会发现，如果没有平等的政策，人难以从一个社会阶层向另一个社会阶层跃升，而且教育和机会都很少，在这种形势下会发生什么。在很多情况下，你会看到那些出生于几代人受教育程度不高和缺乏机会的家庭中的人，很容易成为犯罪团伙、贩毒团伙和其他帮派的成员。一位经济学家说过："如果你想实现美国梦，那就去瑞典吧。"许多人认为这是由于北欧国家的同质性，但这不是事实，今天瑞典的社会同质性还比不上英国。世界上还有许多阻碍进步的老观念，比如我们必须向俄罗斯发出一个非常明确的信息，即"冷战"已经结束，西方不再试图在军事上威胁他们，北约甚至没有能力这样做。这不再是俄罗斯需要担心的问题，他们可以用花在军事上的那笔钱来改善法治，以及推动诸如教育之类的塑造价值观的工作。我们应该通力合作来结束冲突。

本·费伦茨[①]：这个问题的答案显然是否定的，但我不希望你因此放弃这个回答，你不能自我欺骗。我们正朝着和平的方向前进，但我们永远不会取得完美的结果，我们不应该期待它。但我们不能因为结果不完美就忘记，我们是可以进步的，我们正在进步，我们必须继续进步。我们迄今取得的进展是不够的，正在犯下的罪行是令人发指的。要扭转几百年来一直被美化的东西，我们做得还远远不够。几个世纪以来，我们一直在美化对那些无法与你达成共识的人的杀戮行为——我们还没有办法阻止这种情况发生。

你对下一代最大的担忧是什么

莱赫·瓦文萨：我最大的担忧是民粹主义。我们必须与蛊惑民心的政客和所谓的领导者作斗争，他们在不承担后果的情况下为所欲为。我担心的是如果民粹主义者大规模掌权，

---

① 本·费伦茨（Ben Ferencz）：美国律师。他曾是第二次世界大战后纳粹战争罪行的调查人员，也作为美国陆军首席检察官参与了在纽伦堡举行的军事审判。

他们就能摧毁世界。我们需要找到一种方法，一个美好世界的新结构。要做到这一点，我们必须组织起来，团结起来。

为建设一个和平的世界，你会给下一代传递什么信息

马尔蒂·阿赫蒂萨里：我会敦促下一代从我们的错误中吸取教训，但我担心我们不能从历史中总结出教训。我们应该研究为什么我们会陷入某种状况，这样才完全有可能避免再次犯下同样的错误。看到民粹主义运动在今天的欧洲获得了那么多的支持，我很难过。我们看到，这是一场毫无理性可言的辩论，导致人们做出不明智的选择。我从生活中学到了解事实很重要，你必须能够分析情况，了解其背后隐藏的真正原因。民粹主义不会采取这种做法。年轻一代比我聪明得多，我对他们充满希望。

莱赫·瓦文萨：我们这一代人摧毁了旧世界，打通了欧洲国家的边界，实现了欧洲一体化，我们为年轻一代开启了一个新时代。新时代需要新的组织结构、新的思维方式，你

必须为新时代重建一切。科技的发展已经使我们的武器可以摧毁整个世界,我们的能力已经达到这个地步,因此未来唯一的发展道路是建设和平世界和团结各国。

本·费伦茨:"二战"结束后,我们在柏林的记录中发现,纳粹前线指挥官曾自豪地向总部报告,他们杀害了多少犹太人、吉卜赛人和其他反抗者。他们从未使用"谋杀"一词,而是用的"消灭"。我对这些报告做了统计,当意识到有100万人丧生时,我带着证据从柏林飞往纽伦堡,跟我的老板说:"必须重新进行审判。"他说:"不能这样做,现在已经指定了律师,我们不能批准新的审判。"他又说:"除了其他工作,你能同时做这件事吗?"我说:"没问题"。于是他任命我为审判人类历史上最大的谋杀案的首席检察官,当时我27岁。在那之后的50年里,我一直努力建立一个常设国际法庭,我终于做到了,国际刑事法庭现在设在海牙。

当国际刑事法庭开始第一轮审判时,首席检察官给我打电话说:"本,我们希望你为检察机关作结案陈述。"我说:"我当然愿意。"所以,我在92岁的时候去为控方作了结案陈词。取得进展需要时间,而我现在仍在为此努力——每周工作7天,每天工作15个小时,试图继续这项工作,创造出一个更理性、更人道的世界。我们必须从根本上改变人们的思想，尤其是年轻人的思想。年轻人就像舆论的法庭；他们是那些会说"不，我们不会去"的人。现在的世界比过去危险多了，我们现在有能力通过网络切断地球上的电网。我们不必发明"附带损害"这样荒谬又令人捉摸不透的术语。今天的武器可以杀死所有人，或者在悄无声息的情况下就能通过切断电源来毁灭整个城市。这就是我们正在关注的世界。我们必须拥有有效的机制来解决争端，不管这些争端是什么，我们必须实现没有战争的目标。战争应该受到应有的蔑视，而不是得到美化。战争是地狱，我曾经在那里，我见过，经历过，并在其中生活过。

我们的政府不会为结束战争而战，我们的外交官仍然在争论谁能制造出最有效的武器来杀死最多人。我现在将至期颐之年，已经力不从心。但对更年轻的人来说，他们要清醒过来，要大声疾呼，叫停这种行为！我给现在的年轻人提出三条建议：第一是决不放弃，第二是决不放弃，第三还是决不放弃。这是我能给出的最好的建议，我充满希望，因为我看到了近年来在法院的审判和人类良知的觉醒方面取得的重大进步。我们正在取得良好进展，但我们还有很长的路要走，而且每天都在变得更加危险。我们也决不能被这些问题蒙蔽，从而忽视进展。自第二次世界大战以来，我们所取得的进展非常重要，我们有了国际刑事法庭，而且正在世界各地的大学讲授国际刑法；我们确实有了各种人权宣言，这些宣言虽然没有被充分遵守，但却产生了影响。

希林·伊巴迪：那些在社会中寻求和平的人必须记住，你自己希望的也是他人所希望的，对你有害的对他人也有害。这将是我向下一代，或向任何希望在社会中创造和平的人传递的信息。

人类在战争中流离失所并不是什么新鲜事。"难民"这个词可以追溯到法语中的"逃亡"，最初用来描述1865年《南特敕令》（*Edict of Nantes*）被撤销后逃离法国的新教徒。在之前的100多年里，《南特敕令》授予新教徒宗教自由和公民权利。在《南特敕令》被撤销后的几年里，估计有50万法国新教徒离开了法国。那些因为想要一份新工作而移民的人，与那些因冲突或饥荒而流离失所的人之间的文化混淆，创造出了另一种形式的歧视性语言和标签。难民是另一个容易被我们孤立和歧视的群体，也反映出我们的社会弊病。这不一定是一场难民危机，而是我们对为了生存而逃离的人的理解出现了危机。

全球难民流动的规模有多大

亚历山大·贝茨[①]：目前，全世界约有2.6亿跨国移民，而在1970年约有7 000万。有趣的是，世界上迁徙人口在总人口中所占的比例一直相对稳定，自20世纪70年代以来都约为3%。全球人口迁徙的比例没有发生过巨大变化，但因冲突或迫害而流离失所的人数却在增加。今天在世界各地大约有6 000万人处于流离失所状态，比第二次世界大战以来的任何时候都多，其中有2 200多万人是逃离边境的难民。第二次世界大战之后，法律上对难民的定义是指那些逃离迫害的人。在"冷战"初期，大多数人从东方逃往西方——他们曾是政府的目标。然而，今天人们逃亡的主要原因是他们的国家脆弱不堪，其中一些国家正处于冲突和战争中，另外一些则是长期弱小的国家，比如索马里、伊拉克、阿富汗、中非共和国和刚果民主共和国，无法满足人民的基本需求。这是一个

[①] 亚历山大·贝茨（Alexander Betts）：英国政治学家。他是牛津大学社会科学系副主任及布拉森诺斯学院威廉·戈尔丁政治学高级研究员，从事移民与国际事务研究。

灰色地带，人们为了生存而逃离，但并不一定在法律上完全符合难民的定义。

凯瑟琳·伍拉德[①]：从2014年到2015年，抵达欧洲的难民人数翻了两番，2015年的难民人数约为100万。这在欧洲引发了一场非同寻常的政治危机，尽管对欧洲来说这个数字是可控的。在被迫背井离乡的难民中，只有17%的人去往了欧洲，其中包括世界上最大的难民接纳国土耳其。被迫流离失所的人中有30%的人在非洲，像乌干达、肯尼亚和埃塞俄比亚这样的主要难民收容国比欧洲大陆贫困得多。欧洲得到了过多的关注，但它并不能真正代表难民流离失所的真实状况。

乔治·鲁普[②]：当今世界有超过6500万流离失所的人，其中约2/3的人是国内的流亡者，他们仍然停留在原籍国。约有2000万人越过国界，严格按照联合国的标准来说，这部分人

---

① 凯瑟琳·伍拉德（Catherine Woollard）：欧洲难民和流亡者理事会主任，该理事会由40个欧洲国家的106个非政府组织组成，其任务是保护和促进难民权利、寻求庇护方和其他被迫流离失所者的权利。
② 乔治·鲁普（George Rupp）：美国神学家。他曾担任过赖斯大学校长职务，并在哥伦比亚大学和国际救援委员会任职。他写过大量的文章，出版过6本书。

才属于难民。但这两类人都遇到过类似的问题，都被迫背井离乡，都不得不想办法养活自己和家人，找到安全之所。我认为这确实是一个问题，但这也是一场运动，但不是完全自愿的。按照统计，当今世界有6 500多万背井离乡的人。

各国对难民要承担哪些义务

凯瑟琳·伍拉德：1951年制定的《关于难民地位的公约》及1967年通过的相关议定书规定了庇护和保护因迫害而逃离的人的义务。在欧洲，该义务已被编入欧洲庇护法，也就是欧洲共同庇护制度，该制度规定了成员国以及相关的非成员国必须遵守的标准，包括难民接收标准、难民享有的权利以及到达后的情况、提出庇护申请的权利等。该制度还包括难民享有公平庇护程序的权利，以及家庭团聚的权利。

如何改善难民的处境

古尔瓦力·帕萨雷①：帮助难民不是什么复杂的事，你只需要在政治世界中获得同情。当今世界大约有 6 500 万难民，与英国人口一样多。人们需要了解的是，这些难民中的大多数人要么在同一个国家，要么在他们原籍国的周边国家。大多数接收难民的国家并不属于西方世界，而是像约旦、巴基斯坦、土耳其和肯尼亚这样的国家，难民群体中只有不到 1/10 的人来到欧洲。但是，我们只在麻烦降临欧洲的时候才将其称之为危机，我们只在货车晚点或节假日推迟的时候才将其称之为危机。国际社会没有认真对待它对难民的责任，没有帮助接收难民的国家，也没有提供教育和医疗援助。各国承诺提供资金，但这些承诺从未兑现。

总体而言，人们非常有同情心。我在英国的一些大学里和人们谈话时发现，人们都非常有同情心，希望表现出团结

---

① 古尔瓦力·帕萨雷（Gulwali Passarlay）：阿富汗难民、作家、TEDx 演讲人，并在曼彻斯特大学主修政治。他是"我的光明之家"（My Bright Kite）机构的联合创始人，该机构的目标是增强年轻难民的能力，同时他还担任全球青年世界大使。

和乐于助人的一面,欢迎陌生人来到他们的家乡。但政府在这方面做得不到位,目前我们的国家对难民充满敌意,到这里的每个人都被视为犯罪嫌疑人、骗子和罪犯。对于难民,他们在被证明清白之前都是有罪的,而不是在被证明有罪之前,他们是清白的。制度很不人性化,不人道,也不道德,它不把难民当作人。我们需要承担应尽的责任,我们做得还不够。难民危机不会消失,我们应该承担起责任来,我认为这是我们的道德责任,我们也有法律义务为这场危机做点什么。

弗朗索瓦·克雷波[①]:改变需要时间,可能至少需要一代人的时间才能实现,但我们必须与今天为移民发声的人合作。近来,电影导演和小说家一直在向我们讲述关于流动性和多样性的问题,整个科幻小说潮流都与此有关。《星际迷航》是关于移动性和多样性的,去一个没有人去过的地方,遇到新的物种并理解它们;莫妮卡·阿里的小说《砖巷》和纪录片《人流》都展现了前进的道路。艺术家在有关移民问题的

[①] 弗朗索瓦·克雷波(François Crépeau):加拿大律师兼麦吉尔人权和法律多元化中心主任、麦吉尔大学教授、加拿大皇家学会的成员,曾担任联合国移民人权问题特别调查员。

辩论中比政治家更具前瞻性：他们已经意识到并预言了明天将会出现什么样的挑战，就像毕加索笔下的《格尔尼卡》对第二次世界大战的预测一样。

几十年来，律师、人权机构和教会一直为移民工作，将他们的声音传达到法庭上，但很少有移民走上法庭、参加抗议或到街头示威。他们担心被发现、拘留和驱逐出境。移民承受了太多的苦难，他们不愿冒着让整个移民计划崩溃的风险。他们更倾向于避开任何危及移民计划的行动，搬到其他地方或换其他工作。

抗议、质疑、示威意味着要冒风险。对于被认为没有合法证件的人来说，与其冒着风险，不如把时间和精力花在为自己和孩子创造财富或创造未来上。地位岌岌可危的移民劳工在社会资本方面处于最底端：没有多少社会关系，没有家庭网络，不会说当地的语言。他们与19世纪的产业工人、殖民时代的契约劳工或更早之前的奴隶所处的位置相仿。

工会历来敌视移民，认为移民是在与他们的会员抢饭碗。但现在一些工会认识到，移民劳工是潜在的群体，例如在农业部门。但是，工会正面临着一个放松管制的劳动力市场和一种去工会化的政治气氛。在这种气氛中，集体谈判遭人诟病。

我们需要一个没有边境的世界吗

亚历山大·贝茨：如今，富裕的特权精英实际上生活在一个没有国界的世界里，而来自贫穷社会的人在流动方面有巨大的限制和界限。不平等是当代边境的一个决定性特征。在一个理想的世界里，我们允许所有人自由参与全球流通，但在政治上，这在当今世界是不现实的，也是不可持续的。民粹主义和民族主义的崛起导致了对主权和边界的重视，我们看到了对移民和难民的强烈不满。一个更切合实际的中期目标是创造一个我称之为"可持续移民"的世界，在那个世界我们能够支持难民权利，基于人权准则进行移民，然后确保以一种能够造福所有移民的方式管理迁徙。现在和将来的挑战不是创造一个没有国界的世界，而是创造一个可持续的移民世界，这个世界更包容那些目前还处于落后状态的人，无论是公民还是难民，或是移民。

凯瑟琳·伍拉德：我们需要找到一种方法来管理我们的边境，以一种尊重人权并允许那些有权得到保护的人过境的方式。我们现在的情况是，国际法规定的人权有时得不到尊重，有权得到保护的人不能流动，这导致了巨大的痛苦。欧洲正试图转移其对移民的恐慌，从而强制实施一种不切实际且具有破坏性的边境控制模式。实际上，边界上的流动性要大得多，而且渗透性也强得多。不合时宜的移民观正在对全世界6 500万被迫流离失所的人造成可怕的人道主义的灾难，而欧洲退步到把人员流动当作威胁的做法可能会在其他地区产生连锁反应，使人们面临更大的危险。

乔治·鲁普： 只有我们每一个人在社会中都得到应有的尊重，一个没有国界的世界才可能实现。这种关于每个人都与一个普遍的人类社会相关的概念，往往在现代西方个人主义中有所表述。但是现在在许多西方国家，尤其是美国，肆无忌惮的个人主义没能认识到社区也是不可或缺的。我们每个人都是社区成员，可以在社区里展现出不同的能力。诚然，包容性社区的目标也是理想化的，但与没有国界的世界相比，这是一个更容易实现的目标。我们需要一种更多元、更丰富的文化，这种文化要符合人类社会的结构，并在此基础上发展，而不是简单地拒绝它。

人们认为战争永远无法被证明是正当的。但正如我们在回顾历史时所发现的，虽然一个公平的社会不需要战争，但社会其实并不公平，现实也充满了痛苦和不公正，冲突似乎是不可避免的。我们必须小心翼翼，不要对战争的残酷性变得麻木不仁。正如本·费伦茨在采访中告诉我的那样，尽管我们只歌颂战争中的英勇行为，但美化战争的行为是无益的。

在人类之外的自然现象中，战争和冲突并不存在。与其说战争出于本能，倒不如说战争是我们作为一个物种主动做出的选择，这种选择主要是由文化、经济、政治和社会因素以及肆无忌惮的自私自利驱动。正如伯蒂·埃亨对我说的那样，武装冲突确实是对世界正常运转的一个诅咒，但它常常是由无法通过谈判解决问题导致的，或者仅仅是因为各方没有做出足够的努力来进行调解和沟通。伯蒂亲身经历了爱尔兰发生的冲突，他很有资格对此发表评论。令我震惊的是，令他感到悲伤的是建设和平与解决冲突的机制往往只在战争已经开始时才发挥作用。研究还表明，作为人类，我们是多么厌恶对自己的同类施加暴力，也许这就是为什么——正如乔迪·威廉姆斯所解释的那样——用来让群众参与战争的工具依赖于创造差异以使"敌人"显得和我们不一样，以此来打破人类的束缚。我们必须首先否认共性存在于我们想要打败的那些人身上。

在当今世界，我们比以往任何时候都更需要理解冲突。正如莱赫·瓦文萨所描述的，我们生活在一个民粹主义日益盛行的世界，蛊惑民心的政客们正在大肆攫取权力。历史证明，这些群体摧毁社会是多么容易，这正是我们需要找到新的结构来让人类组织和团结起来的原因。我们创造了一种乌托邦式的和平愿景，将其视为未来发展的某种方向，使人们在冲突迷雾中可以看到绿洲，但或许我们自己的哲学让我们无法理解和平。我们倾向于宽恕那些犯下罪恶的人来界定道德的价值，这些思维模式是战争、冲突和美化所定义的历史的残余——这种人类发展模式或许被称作"青春期"。然而，在几乎所有方面，人类社会都在准备从"青春期"发展到"成年"阶段。我们拥有的技术、知识和基础设施有助于我们真正创造一个平等的世界，创造一个充满机会，让我们几个世纪以来遭受的许多灾害不再重演的世界。

本·费伦茨在第二次世界大战后调查了纳粹的战争罪行，并在纽伦堡审判中担任美国首席检察官。他比大多数人更理解战争的起因和造成的后果。从我与他的谈话中明显可以看出，我们需要找到解决争端的机制，无论什么样的争端，都不需要用战争来解决。他动情地谈到我们必须停止美化战争，因为战争是地狱。当我采访他时,他已98岁了。他承认这已经不再是他的战斗了,但对当今世界的年轻人来说,没有比唤醒、呼吁并停止这种对战争的狂热更重要的行动了。柏拉图曾沉思道,"只有死者才能看到战争的结束。"但为生者呼吁结束战争的愿景可能是人类最伟大的胜利。

07 民主：2 500年的权力实验

民主不是一种集合体,而是辩证的——它是一种对话。每次交谈时,你都会显得与众不同。其他人的一部分变成了你的一部分,你的一部分也变成了其他人的一部分。

——雅尼斯·瓦鲁法克斯

2020年5月8日,在我撰写这本书的时候,德国总统弗兰克·瓦尔特·施泰因迈尔(Frank-Walter Steinmeier)在德意志联邦共和国战争与暴政牺牲者纪念馆前发表讲话,以纪念德国从纳粹统治下解放75周年,以及第二次世界大战在欧洲的结束。他说:"1945年,我们获得解放。今天,我们必须摆脱一种新民族主义模式的诱惑。诱惑源于对专制主义的迷恋,源于国家之间的不信任、孤立主义和敌视,源于憎恶和仇恨言论,也源于仇外和蔑视民主——它们不过是披着新外衣的旧罪恶。"

要理解人类的历史,就要了解人类历史上最大的悖论:权力。权力的矛盾现象无处不在,它既限制了社会的运行,又将我们的社会联系在一起。权力的行使和积累是人类特有的追求,仅在20世纪,权力就导致了2亿多人死亡。全世界50%以上的财富集中在1%的人手中,这意味着我们在全球这个大家庭中有数十亿人不得不忍受饥饿、干渴和疾病的侵袭。权力同时还使社会得以运转,这又给数十亿人带来了权利、自由和机会。

对于生活在西方文明中的人来说,关于社会如何运转的更深层问题通常在很大程度上是下放给民选领导人的。社会安全机制是这样运作的:如果我们不喜欢这些领导人,我们通常会投票支持更符合我们集体利益的其他人。事实上,不管美国、英国、肯尼亚还是印度,今天的民主试验往往仍然把控制权拱手让给资金最充裕、最直言不讳或情绪最激动的群体,并且常常把大批可能拥有选举权但没有从选举权中获得物质利益的人排除在外。或许是因为我们在和平中生活了很长时间,大多数西方公民与民主之间的关系淡漠,我们忘记了和平的代价。由于我们已经忘了代价,我们忽视了其价值——允许政治体系出现，这表面上给了我们一种参与感，但权力实质上仍然不属于大多数人，而是集中在少数人手中。

在本章中，我与该领域一些最受人尊敬的思想家进行了一些对话，比如和诺姆·乔姆斯基、A.C.格雷林及加里·卡斯帕罗夫探讨民主的本质以及公民对政治的参与；也和那些处于民主斗争前线的人，如北约前盟军司令詹姆斯·斯塔夫里迪斯海军上将讨论了相关话题。对于我们许多人，特别是欧洲人和美国人来说，批评我们的领导者几乎是全国性的消遣，然而现实情况是，身处这样权势滔天的位置是复杂和具有挑战性的——尤其是当试图平衡全体人民利益的时候。为了了解更多情况，我还与比利时前首相居伊·伏思达、爱沙尼亚前总统托马斯·亨德里克·伊尔韦斯和墨西哥前总统比森特·福克斯·克萨达进行了交谈。

什么是民主

A.C. 格雷林[①]：民主最普遍的特点是，具有选举权的适

---

① A. C. 格雷林（A. C. Grayling）：英国哲学家和作家、牛津大学圣安妮学院研究员。

龄人口可以最终决定一个政府行使国家权力的资格。赋权的表达方式因制度而异，民主制度允许在可能组建政府的政策和政党方面表达民意。英国的选举制度非常令人不满意，但在如何运作方面存在广泛共识。几年前，英国曾拒绝就比例代表制举行公投，所以我们还在坚持"得票多者胜"的投票制度。在历史的大多数时间里，人们一直担心民主太容易堕落为暴民政治，因此，几乎所有民主制度都有适当的结构和制度过滤掉暴民情绪崩溃的危险。丘吉尔有句名言："对民主最好的反驳就是和普通选民交谈五分钟。"人们往往不完全了解情况，过于自私自利，过于短视。在理想的民主制度中，人们必须了解实情，并考虑所有人的利益，而不仅仅是他们自己的利益。但实际情况却并非如此。在英国，我们有一个代议制民主制度，被派往议会的人不仅仅是信使或代表，他们被派去获取信息，进行一些思考、讨论、辩论，作出判断并代表其选民和整个国家行事。如果我们不喜欢他们的所作所为，可以在下次选举中把他们赶下台。当他们进入议会时，这些人就应代表我们采取行动。我们有一种可以称之为宪政安排、宪政民主的制度，这是一种介于极端的暴民统治与极端的专制统治和暴政之间的正确妥协。

刘云平[①]：从根本上说，民主意味着一个国家的人民能够决定他们希望这个国家发展的方向。这意味着遵守法制，确保个人的权利受到保护。这些是任何民主国家的核心原则。

巴西姆·优素福[②]：不同的人对民主有不同的解读，大部分通过"民主"手段掌权的人认为民主就是多数人的专政，这是一个问题。在中东，我们看到在这种专制的民主国家里，政治和军事领导者觉得如果他们有足够的票数，就可以为所欲为。我认为，民主首先是保护少数群体和社会中需要帮助的人。对于那些已经强大或富有的人来说，民主是没有意义的。民主关系到那些需要保护的人，也关系到那些通过民主程序可能无法得到维护的人。有了足够的票数，你可以修改一个国家的宪法，可以把人送进监狱，可以制定影响人权的法律。如果你有一个能在所有情况下对所有人提供保护的民主，那就是一个真正的民主。

---

① 刘云平（Ted Lieu）：美国政界人士，2015 年至 2010 年起担任美国加州第 33 届国会众议员。他曾在美国空军服役，以优异的成绩晋升为中校。
② 巴西姆·优素福（Bassem Youssef）：埃及喜剧演员、作家、制片人、外科医生和电视节目主持人。2011 年至 2014 年，他在《每日秀》(*The Daily Show*) 的启发下主持了一档讽刺新闻节目。2013 年，《时代》周刊将他列为全球最具影响力的 100 人之一。

为什么民主很重要

加里·卡斯帕罗夫[①]:纵观人类历史,就会知道对这个问题的简单答案。民主制度为个人和社会的繁荣提供了最佳条件。民主国家参与了世界财富的创造,虽然人们可能会说生活水平不断提高的其他国家也创造了财富。

我们的社会在多大程度上是自由和民主的

诺姆·乔姆斯基[②]:按照历史标准,有些社会是相当自由的。它们是民主的,它们举行正式选举的结果不会被窃取。而在非民主社会中,人民以外的力量会对谁能参与选举产生压倒性影响。在这方面,美国是最极端的。眼下在美国,选

---

① 加里·卡斯帕罗夫(Garry Kasparov):俄罗斯国际象棋大师、作家和政治活动家。作为国际象棋棋手退役后,他专注于写作和从事政治活动,他反对普京的政策。
② 诺姆·乔姆斯基(Noam Chomsky):美国语言学家、哲学家、认知学家、历史学家和政治活动家。他既是麻省理工学院名誉教授,也是亚利桑那大学的讲座教授。他写了一百多本书,获得了包括美国和平奖在内的众多荣誉。

举结果本质上是买来的。除非你拥有大量资本，否则你无法参加选举，这意味着获得强大企业支持的一方能在资本上占压倒性优势。例如，在2008年的大选中，让奥巴马冲过终点线的是金融机构的大量支持，而这些金融机构现在是美国经济的核心。即将举行的是一场价值20亿美元的选举，这笔资金只能投给一位选举人，参加选举的各方都在争取这笔钱。过去，国会有一个委员会主席制度，这些委员会主席是按照资历来任职的。现在一般都要求把经费交给委员会，这意味着大部分委员会成员也是买来的。民意被边缘化的程度非常高，你可以在一个又一个问题上非常清楚地看到这一点。美国目前的重大问题是赤字。人们对如何消除赤字有各种想法，例如，大部分赤字是由功能严重失调的医疗体系造成的，该体系的人均开支约为其他国家的两倍，但结果不尽如人意——事实上，结果非常糟糕。长期以来，中国人一直进行着某种全国性的医疗体系的改革，这种体系的成本要低得多，而且从结果判断不会更糟，甚至更好。事实上，这将消除赤字，但美国从不考虑这种做法。

公民是否了解政府应该如何与他们打交道

迈克尔·刘易斯[①]：在美国，人们不再认为自己是公民，而是开始认为自己是顾客，从而在理解政府的运作方式方面免除了自己需要承担的任何义务。公民在过去曾是美国基础教育课程的一部分，但现在公民消失了，因此这一代人根本不知道政府运作的微妙之处，而且会相信谎言和对政府的诽谤。如果没有公民教育，人们根本不可能获得必要的知识或信息来保护自己免受对政府说三道四的政客的攻击。例如，得克萨斯州州长里克·佩里希望取消三个政府部门。为什么？因为这肯定会赢得掌声，他现在主管的一个部门就在他想取消的部门之列！我所说的很多关于美国人以及他们与政府的关系肯定也适用于世界其他地方，从根本上说，社会存在这样一个问题，即人们从政府那里得到各种各样的东西，但对这些东西的来源却知之甚少，他们很少参与，也很少做出回馈。

[①] 迈克尔·刘易斯（Michael Lewis）：畅销书作家，著有《思维的发现》（The Undoing Project）、《说谎者的扑克牌》（Liar's Poker）、《高频交易员》（Flash Boys）、《魔球》（Moneyball）、《盲点》（The Blind Side）、《家用游戏》（Home Game）和《大空头》（The Big Short）等书。

为什么右翼和民粹主义运动激增

伊切·泰玛尔库兰[①]：第二次世界大战教会了我们审视法西斯主义的特殊美学。我们总是想象纳粹的军装，以及我们在奈飞和 HBO 电视网上看到的那种未来主义的专制设定。在我们的文化中，我们把军装和军国主义看成是专制主义和法西斯主义的表现形式，而如今右翼民粹主义、威权主义和新法西斯主义正在影响不同阶层的人，包括电视真人秀明星、陌生人，还有那些被视为民族笑话的人。今天的许多右翼民粹主义领导者都是政治人物，人们从一开始就没有正确对待这些人物。没有人预料到新法西斯主义会以这种光明正大的方式扎下根来。

要理解为什么这些现象正悄悄回到我们的世界中，你必须去寻根溯源。新自由主义自 20 世纪 70 年代以来强化了这样一种观点，即自由市场经济是人类能够想到的最好、最有

[①] 伊切·泰玛尔库兰（Ece Temelkuran）：土耳其记者、作家和主持人。她曾是被广泛阅读的土耳其报纸《国民报》（*Milliyet*）和《土耳其新闻报》（*Habertürk*）的专栏作家。她因撰写批评土耳其政府的文章而被《土耳其新闻报》解雇。

道德感的制度。新自由主义改变了人类对基本道德的定义，也改变了正义的含义，它创造了一种新的存在。新自由主义模式作为一种别无选择的解决方案被提出，我们摧毁了政治光谱，把左翼分子排除出去，一切都转向右翼。政治已经成为一场竞争，看谁的政治立场更正确，谁能通过消费主义进一步麻木人们的思想。毕竟，人们只有在消费时才被允许是自由的，因此我们是政治对象，而不是政治主体。政治变成了娱乐，人们觉得自己的意见不再重要。

人们有时会把目光投向中东，想看看那里到底出了什么问题。但我必须说，在土耳其，或许我们的民主更强大了，鲍里斯·约翰逊在几个星期里做到的事，埃尔多安要花上几十年时间才能办到。也许我们遇到了更多的阻力，尽管我不得不承认，对于中东地区反对独裁主义的斗争，我很难找出正面的评价，但土耳其和中东地区年轻女性的斗争——用她们的生命为民主而战——让我深受鼓舞，谁也无法阻挡她们。说到欧洲和西方民主，我们必须走上街头，让自己的呼声能被听到。我们必须组织、动员和参与政治。我们必须使用那些老式的政治工具——它们才是真正重要的工具。我们必须站出来！我们必须战斗，我们必须挺身而出，寻求改变。自20世纪70年代以来，谈论冲突几乎成了禁忌。我们已经形成了一个以共识和共存为中心的社会，而这已经以一种危险的方式驯化了政治。媒体忙于与脱欧派和特朗普派达成共识，而不是与他们对抗。这是一场政治斗争，其中没有任何礼貌和善意。很明显，如果一个人必须捍卫自己的权利，他必须做些什么——当受到压迫的时候，你必须反击。

比森特·福克斯·克萨达[①]：政治就像一个钟摆，它从左翼转向右翼，从右翼转向左翼，往复运动。你进入政府，就会看到自由派、极左派、民粹主义者和蛊惑民心的政客汇聚一堂。如果这些派别不管用或不能令人信服，会把事情搞砸，然后人们就会转向右翼的保守派。从这个意义上说，不存在左或右，这只是事物发展的方式。有时候，你需要保守主义，以保持经济与节制的增长和债务保持一致，这会创造出就业和财富。与此同时，这限制了预算，限制了可能性，然后人们会倒向另一边，在左翼那里进行收入分配，提出社会计划，并进行社会创新。这正是发生在奥巴马身上的事，他在民主党人和自由派的支持下，坚定地站到了社会责任一边。但现

---

① 比森特·福克斯·克萨达（Vicente Fox Quesada）：墨西哥政治家和商人，也是墨西哥第55任总统。卸任总统后，他参与了比森特·福克斯研究中心、图书馆和博物馆的发展。

在保守派说：" 不！不！做得太多了！负债太高！我们需要停止这种无稽之谈，反其道而行之！"——我认为这很正常。我们的世界永远不会只有一条道路和一种哲学。人变了，经济变了，收入分配变了，财富变了，你就要调整自己的政治模式和人生哲学，沿着正确的方向前进。

阿拉斯泰尔·坎贝尔[①]：右翼向来纪律严明，组织性更好。你可以看看英国独立党和保守党，你认为他们是一团乱，但他们与智库、媒体和商界的联系更紧密，右翼总是拥有这些固有的优势。左派，即英国和美国的社会民主派别，似乎正在进行一场艰难的跋涉。

2007年至2008年的金融危机之后，有假设认为，人们会就此觉得资本主义没有发挥作用，这样他们就会更多地"左倾"。但事实上人们认定这场危机是一场灾难，因此他们不得不做出自我调整，然后转向国内。《每日邮报》上异常有害的宣传活动就证明了这种变化，比如，这些活动最近还在做反对外国援助的宣传。他们对政府说："别管那些外国人了，别管外国援助了，别管社区了，照顾好我就行了。"人们被

[①] 阿拉斯泰尔·坎贝尔（Alastair Campbell）：英国记者、播音员、政治助理和作家。他在唐宁街担任过数个职务，包括唐宁街公共关系主管和工党发言人。

内心恐惧这种生理反应所驱动。我们在希特勒身上看到了历史，在法拉奇、勒庞、特朗普及其类似的人身上也看到了历史。玩弄和操弄人们的恐惧很容易，但玩弄希望却没那么简单。在欧洲，右翼媒体和政客25年来一直在有组织性地歪曲事实，而公众也一直被误导。因此，人们感到自己已远离了政治，认为政府是建制派的大本营。不过别忘了，发出反建制声音的并不总是右翼。看看希腊和西班牙的情况，最近则是英国出现了杰里米·科尔宾。这与右翼和左翼无关，而是建制派与反建制派、民粹主义和精英阶层之间的对立。

A. C. 格雷林：今天的政治暴露出"得票多者胜"制度的缺陷。2015年之前，我们有联合政府，联合政府的伙伴关系能够约束主要政党，因此出台的政策往往比较明智，也比较接近中间路线。在我们的"得票多者胜"制度下，下议院仅凭多出1票就可以完全推翻我们所有的宪法条款，这很离谱。目前，我们的政府被右翼党派"绑架"了，于是事情偏离了正轨，对拥有的党鞭和忠诚的制度是一个挑战。如果我们的议员不受政党机器的控制，我们就不太可能看到极左或极右政党在他们占多数时采取的更极端的措施。如果回顾一下自"二战"以来的历史，现在对比较极端的领导者的选择之多是前所未有的。之前也一直有类似于特朗普、法拉奇和勒庞等政治角色，但他们在政治光谱中是只能占据边缘地位的极端少数派。

近期各种因素的综合作用使他们有机会走到台前。中低收入的工薪阶层在经济上遭遇困境，他们的处境自2008年以来并没有明显改善，事实上对许多人来说，情况甚至更糟。与此同时，生活在最顶层的人却继续变得更加富有。这种日益恶化的不平等就像一头极其危险的政治野兽。在欧美当前的语境下，移民已成为一个问题词。在很多方面，对待移民的态度成了一种掩盖仇外心理甚至种族主义的方式。在英国、美国和欧洲，最近的政治竞选活动中都能看到对此的表述。中东的乱局造成大批难民逃离冲突发生的地方，给欧盟带来巨大压力。前往意大利的船只和前往希腊和巴尔干半岛的移民，激起了强烈的反移民情绪。对那些经济条件稍差的人来说，移民和经济停滞的可能性让民粹主义得到了发展，像法拉奇、特朗普和勒庞这样的人已经捕捉到了这个机会，并将其付诸实践。

居伊·伏思达[①]：近来，民粹主义和民族主义运动兴起，

---

① 居伊·伏思达（Guy Verhofstadt）：比利时政治家，1998年至2008年担任比利时第47任首相。他从1985年至1992年担任副首相兼财政部长，自2009年以来一直担任比利时议员。

但这并不意味着无法制止。为了制止这一运动，我们需要了解其兴起的原因是什么。民粹主义政客们承诺用所谓的简单方案去解决每个人的问题，那些没有看到全球化的好处、感到权利被剥夺和被忽视的人接受了这些民粹主义者提出的速战速决的办法，并对他们抱有信心。然而，这些民粹主义政客很少兑现诺言。看看英国的脱欧公投就知道了，在投票结束后的几周里，主张脱离欧盟的政客们就开始对自己当初的承诺避而不谈，比如每周为国民保健署提供3.5亿英镑的补助。特朗普也是如此，当他意识到自己在竞选期间做出的承诺无法兑现时，就开始违背其诺言。随着民粹主义政客的崛起和民族主义的发展，欧洲政治不再是左翼党派和右翼党派之间的斗争，而是日益成为那些希望开放社会的人与那些希望看到封闭社会的人之间的冲突。然而，对极右翼专制政党和疑欧政党的支持加大，再加上民主参与程度的大幅下降，使得我们所有人都感到担忧。

打败民族主义和民粹主义意味着必须先消除人们对全球化的一些担忧，并打破"速战速决"的神话。我认为解决办法是以更公平的方式管理全球化进程，而不是筑墙或回撤到民族主义中去，并寄希望于民族主义能带来繁荣、改善安全或更公平的社会，事实上它不会。我们还需要精简我们的政治机构，提高公共机构的透明度。我们必须倾听人们对全球化的呼声，但应对之策不应是保护主义，而应是塑造全球化，使之对我们有利。欧盟有能力塑造全球化，我们应该对全球化加以利用。我们需要倾听人民的心声，而不是嘲笑他们，我们应该为有效治理提供一个全新的愿景。否则，民族主义将会进一步蔓延。

刘云平：在美国，甚至在2016年大选之前，很明显这个国家里存在两个经济群体。如果你拥有大学以上学历，如果你成绩不错或者相当好，那么你可能在技术、医疗、航空航天或金融领域工作。如果你只拥有高中或以下学历，过去20年对你来说是一场灾难。你会生气，会希望让事情变得更好，但在你心目中，这个体制让你失望了。那么，通过选举来做出改变吧。于是甚至连几乎都不算是民主党人的伯尼·桑德斯都差点赢得了民主党初选，这是如何发生的呢？因为桑德斯利用了这种愤怒情绪，把矛头指向了华尔街的亿万富翁们，结果使他险些获胜。唐纳德·特朗普碰巧利用了更大的愤怒情绪，将愤怒情绪对准移民和少数族裔，他的确最后赢得了胜利。唐纳德·特朗普实际上没能解决人们担忧的问题，他一直未能创造更多的工作岗位——事实上，支持他的许多相关部门和企业正在裁员。这些都是非常棘手的问题，其中大量裁员都与机器化和经济形势的变化有关,但很难去指责机器化带来的影响,所以特朗普将责任归咎于少数族裔和移民。尽管人们知道这不是真的,但他们需要有人来承担责任。有很长一段时间,我非常清楚,在美国的大部分地区,制度没有发挥作用,人们对此感到愤怒。他们想做出改变,摧毁体制。

哲学家让-皮埃尔·法耶(Jean-Pierre Faye)认为,极左和极右不是政治光谱对立的两端,两者作为民粹主义的表现形式彼此相似。世界各地日益加大的经济和社会不公,加上气候变化、腐败和外交政策的影响,正在形成让人们失去希望的大环境。这表现为愤怒、对制度的反击,并常常为民粹主义的蓬勃发展提供条件。将我们的世界描述为"零和世界"并不是一种谬论。西方文明的收益让其他地方的人付出了巨大的代价,这种机制深深植根于我们的外交政策中。

外交政策的真正驱动力是什么,以及这对公民有什么影响

诺姆·乔姆斯基:英国和欧洲的外交政策往往追随美国,

虽并非完全如此，但美国的确仍是其外交政策的主要引导者。外交政策的驱动因素不是什么秘密，例如，比尔·克林顿就曾说得非常清楚，他在国会明确表达的立场是，美国有权采取单方面军事行动，有时会得到所谓的"自愿联盟"的支持，以确保其资源和市场的安全。而且美国必须在前沿部署军事力量，也就是说必须在欧洲和其他地方部署海外军事基地，以影响符合我们利益的事件。当然，我们的利益并不意味着美国人民的利益，而是那些制定政策的人的利益，主要是企业的利益。

外交政策的实施可能会危及安全。事实上，这并不罕见。如果你看过《齐尔考特报告》[①]，就会发现军情五处负责人的证词只是扩大了已知情况，但她作证说美国和英国之前都已认识到，萨达姆·侯赛因并不是威胁，而入侵伊拉克很可能会增加恐怖主义的威胁。事实的确如此！据统计，第一年的威胁大约增加了7倍。因此，入侵会损害入侵国家公民的利益。当然，入侵最初的理由是常用的陈词滥调，这种内容丰富的陈词滥调中列举了民主和各种稀奇古怪的原因，并伴随着多种力量。

---

① 《齐尔考特报告》于2016年7月6日出台。这份报告的正式名称是《伊拉克调查报告》，是英国下院枢密院委员会主任约翰·齐尔考特（John Chilcot）爵士经布朗政府授权于2009年启动展开的，目的是调查英国2003年入侵和占领伊拉克的决策及其后果。

当战争变得越来越难以结束时，结束入侵的某些政策却逐渐明晰。2007年11月，布什政府发表了一份原则声明，称与伊拉克达成的任何协议都必须确保美军的行动在伊拉克不受约束——从根本上说，这意味着要建立永久军事基地。这样一份协议还会确保美国投资者在伊拉克的能源系统中享有特权。2008年，布什在向国会发表的讲话中重申并强调了这一点，他说他将无视任何限制美国在伊拉克使用武力或干涉美国对伊拉克石油控制的立法。这一点得到了非常明确的阐述。事实上，由于伊拉克人民的抵制，美国后来不得不放弃这个目标，但这些目标本身是明确的，与美国人的安全无关。在其他地方的政策也是如此，一位巴基斯坦问题专家最近回顾了美国在阿富汗和巴基斯坦的政策，再次揭示这些政策正在显著增加恐怖主义的威胁，事实上还可能增加核恐怖威胁。他得出的结论是，美国和英国士兵在阿富汗牺牲，是为了使美国人和英国人感到这个世界将变得更不安全。这并不罕见，通常情况下，安全不是国家的头等大事，还有其他的利益在安全之上。

为什么反欧情绪在增长

托马斯·亨德里克·伊尔韦斯[①]：人们总是对现状不满。这是一种本能反应，但我认为，如果你理性地考虑单独行动，那么那些反欧人士将很难理性地提出这样做的理由。在这个时代，较小的国家将难以在经济方面表现良好，甚至从欧洲以外的安全方面看也是如此。较小的国家很容易受到各种欺凌。俄罗斯特别鄙视欧盟的一个原因是他们偏好双边关系。俄罗斯能够而且即将建立的双边关系完全是以自身为主导的，即使是与欧盟最大的成员国——德国的关系也是如此，俄罗斯在与可能有利益关系的外围小国打交道时的态度就更不用说了。我们在欧洲看到很多强烈的过时情绪反应——我们在法国大选期间肯定看到过这种反应——但我不知道，如果法国经济持续下滑，一旦法国人需要签证才能前往西班牙和德国等邻国，他们将做出什么反应。

[①] 托马斯·亨德里克·伊尔韦斯（Toomas Hendrik Ilves）：政治家，2006年至2016年担任爱沙尼亚的第4任总统。在此之前，他曾是外交官和记者，以及社会民主党领袖。

公投是民主的重要组成部分吗

阿拉斯泰尔·坎贝尔：你必须以历史为背景看待这个问题。例如，如果你住在瑞士，那里承诺过要通过全民投票进行公众协商和做出决定。这似乎对瑞士人很有用。我们的长处之一，也常常是英国被人羡慕的事情之一，就是我们是一个议会民主国家。任何政治体制都有缺点，但我们的政治体制做得相当不错，部分原因是选区代表制使民众在政府中获得地方代表的席位，我们能选择出代表我们做决定的政府。卡梅伦公投策略的弱点在于，他这样做并不是为了推进他的英国脱欧战略，而是把这作为对付英国独立党和保守党右翼的策略。民粹主义者和右翼媒体会竭尽全力限制对诸如"你不信任公众"之类的话题进行投票。这与信任或不信任公众无关，这只关乎这样一个事实，即我们作为一个群体，决定由谁来管理我们，如果他们不能履行职责，我们也会保留赶走这些人的权利。我认为公投是非常危险的选择。

据说夏尔·戴高乐（Charles de Gaulle）曾说过："政治

太重要了，不能只交给政治家来管。"当然，政治不仅是一项严肃的事业，也是一项复杂的事业。政治治理的重要性在于，决策所需的信息实际上是任何个人或小群体都无法完全掌握的。公投可能对规模较小、相对可预测的群体有效，但对全球化进程中的国家，公投只能是感情用事的结果，而不是战略性的指导。这就是西方课程中缺乏真正的公民教育是如此危险的原因。

我们需要更多地参与政治讨论吗

比森特·福克斯·克萨达：我们需要让公民更多地参与政治，更多地参与教育。例如，我对英国脱欧非常失望，去投票的人群并不能代表全体公民，也不能代表未来，因为年轻人不在其中。支持英国脱欧的民粹主义者不知道英国脱欧意味着什么，也没有人向公民通报英国经济将面临的损失。他们只是站在民族主义一边，在国家需要从这次公投中得到什么的问题上误导选民。特朗普，这个疯子，还围绕公投话题展开竞选。他问人们："你们想拥有什么？是一个强大成功的美国？还是一个在奥巴马政府统治下的失败的美国？"这是一个错误的辩题,这是一个陷阱。特朗普是一个错误预言家,说服人们相信了他的错误想法。选民必须做好更充分的准备,他们必须看到并获得做出正确决定所需的信息。如今民主没有被兑现,今天的民主国家正在提供错误的选择。这些"救世主"、这些虚假的先知,正在把人们带到荒野上,带进沙漠中,这是非常危险的。

缺乏公众参与以及公众对民主缺乏了解会带来什么后果

居伊·伏思达:缺乏公众参与和公众感觉被剥夺了公民权是欧盟面临的关键问题。我们需要使我们的民主机构更加透明和负责任,以便公民能更多地参与其中,并对这些机构更感兴趣。公共知识也非常重要,提高透明度可以使公众更容易了解国家的民主制度。从英国脱欧的投票以及英国脱欧后的讨论中明显可以看出,人们对欧盟及其运作方式缺乏了解。在整个公投期间,像主权这样的词语被大量使用,但当涉及这个问题时很多人却不明就里,因此当英国议会是否应该就启动《里斯本条约》第50条进行表决的案件被提交给最高法院时，一些支持脱欧的选民表示愤怒。表面上看，这正是他们想要的议会主权。因此，让公民感到参与政治并且对他们的民主有很好的了解非常重要，否则人们会感到被做出的决策欺骗了，或者感到被剥夺了权利，因此不会再参与民主了。

如何让民众重新参与政府决策

迈克尔·刘易斯：我认为，在应对缺乏政治参与的危机之前，就必须让民众产生危机感，让民众担心我们将不得不经历一场全国性的灾难——可能是病毒，可能是战争，或者可能是金融危机或萧条之类的事情。可能需要采取严厉措施才能刺激民众重新参与政治决策。

人们往往不关心自己的汽车或电脑如何工作，除非它坏掉；那些拥有机械或电子学知识的人可以拿出他们的工具箱，自己维修。但对大多数人来说，他们正在打开的是一个黑匣子——机修工和技术人员作为昂贵的守护者控制着这个黑匣子。政治也不例外。大多数人对其并不在意，直到发生分裂。

英国的脱欧公投促使整整一代人对结果感到沮丧，需要采取政治行动进行应对。新冠病毒大流行表明了全球政治合作的真正价值，以及在一个高度互联的世界中孤立主义的弊端。

什么是权力

莫塞斯·奈姆[①]：政治学家和其他学者对权力的经典定义是，权力是让他人现在或将来做或不做某事的能力。权力也是秩序的源泉，对一些人来说权力则是舒适之源。别忘了，没有人掌权的极端情况是无政府状态，而无政府状态是霍布斯主义的劣等社会，它将导致严重的社会结果，而那些施加权力、限制和规则的结构和实体则创造了稳定和繁荣的社会。一些神经科学家甚至认为权力与我们的大脑紧密相连，进化心理学家同样认为权力和对权力的追求是一种进化特征、一种本能。

[①] 莫塞斯·奈姆（Moisés Naím）：委内瑞拉记者、作家、卡内基国际和平研究院的研究员。他曾任委内瑞拉贸易和工业部部长和世界银行执行主任。自 2012 年以来，他指导并主持了每周一次的电视新闻节目《国家利益》（*Efecto Naím*）。

詹姆斯·斯塔夫里迪斯[①]：从广义上来说，现在有几个权力中心在推动社会发展。首先也是最重要的是，我们看到人口结构，包括人力资本、人员和人口，与教育水平和生产率息息相关。传统上，我们也会谈论军事实力，在我们当前的全球社会中，大规模的武力对抗的可能性虽然较小，但并非完全不可能。网络或信息的力量也越来越重要，我将其与"思想"或"信息"力量的概念联系在一起，即某个社会通过其信息力量影响世界其他地区的能力。我认为，西方社会在过去几个世纪里，能够将民主、言论自由、教育自由、集会自由、性别权利、种族平等等思想传播出去就是在这方面有能力的表现。鉴于权力中心可以被视为拥有产生或传达有影响力的思想的能力，这一点当然很重要。文化力量也很重要，即一个国家的流行文化——电影、书籍、艺术、戏剧、音乐和体育——在国内和国际上受欢迎的程度。政治权力是不同的，在很多方面，它来自我谈论过的所有其他东西。地理和资源的力量也是至关重要的，它们不仅因国家的面积不同而不同，也因你能获得的水和能源的多少而不同。创新能力同样非常重要，创造

[①] 詹姆斯·斯塔夫里迪斯（James Stavridis）：退役的美国海军上将。他目前担任多个职位，包括凯雷集团（Carlyle Group）业务执行主任和麦克拉蒂咨询公司（McLarty Associates）顾问委员会主席。

性的火花能激起社会火花。所有这些因素加在一起将决定一个国家在影响其他国家和组织行为方面的能力有多强。

公民是否理解权力对生活的影响

莫塞斯·奈姆：越来越多的人意识到了权力对他们生活的影响，这一趋势是值得称赞的。这是一个机会更多的世界，那些被排斥在外和被剥夺权力的人同样可以塑造自己的未来并改变自己的处境。在这个世界上，独裁者很难把持住权力不放，那些希望创建新秩序的政治运动、公司、宗教或非政府组织也有机会染指部分权力。我并不是说权力集中不存在，有些国家、公司和个人仍然拥有巨大的权力。从弗拉基米尔·普京到高盛负责人，从《纽约时报》主编到谷歌高管都是如此。梵蒂冈、五角大楼、克里姆林宫甚至谷歌总部所在地山景城，这些地方都是巨大的全球权力中心。然而，现在所有这些中心在发挥和维护自己的权力方面都在经历一段困难时期，它们维持权力的能力明显不如过去。

詹姆斯·斯塔夫里迪斯：我们的绝大多数公民享受他们

的生活，面对世界的挑战，选择奋斗或者苦中作乐，偶尔受到它的威胁。如果他们不幸生活在叙利亚这样的地方，他们将会感到非常悲惨。然而，大多数人不会花时间关注那些更大的问题。领导力很重要。在民主国家，我们选择某人来替我们操心那些大问题。我们批评他们、支持他们，当厌倦了他们时，就把他们赶下台。作为一个国家中的一员，我们不会花费过多的时间去操心大问题，我们将这些事情外包给我们的领导人，并使用工具为我们的国家带来好的结果。

总的来说，民主制度成为一种长期解决方案的可能性更大，它创造了一个安全阀。如果没有民主，如果不选出一位领导人，不在游戏中发挥点作用，压力就会增大。温斯顿·丘吉尔曾说："民主是最差的一种政治制度，除了所有那些其他被实验过的政治制度之外。"在民主制度下，权力更加分散，这使得中央集权者可以放手，让人民更平等地分享权力。

企业会对社会产生什么影响

诺姆·乔姆斯基：企业在社会中发挥着压倒性的作用，

我认为这一事实毋庸置疑。当年亚当·斯密就持有类似的观点，他指出，在英国，政策的主要制定者是商人和制造商，他们是社会的所有者，无论对英格兰人民造成多么严重的影响，他们都要确保自己的利益得到满足。如今的情况更是如此，权力集中程度更高。不仅是制造商，还有金融机构和跨国公司，他们具有巨大的影响力。这种影响力不仅有害，而且在许多情况下是致命的。

以美国为例，企业部门一直在开展大规模宣传运动，试图让民众相信全球变暖没有威胁。这实际上导致大多数人认为气候变化不是一个真正的问题。商业资金也一直在资助那些新人进入国会成为议员，这些实际上都是否认气候变化的人。这些人即将立法，削减对联合国政府间气候变化专门委员会和环境保护局的资助，后者甚至可能导致无法监测温室气体的影响或采取其他行动来减少全球变暖的影响。企业高管们开展了这些宣传活动，资助破坏环保努力的政治人物。他们和那些人都明白，全球变暖是一个非常严重的威胁，但以企业利益为出发点，则要发出不同的声音。比如，你是一家公司的首席执行官，你的任务是实现短期利润最大化。如今情况比以往任何时候都更加现实。我们正处于国家资本主义的一个新阶段，在这个阶段，未来并不十分重要，甚至就连公司的生存也不太重要。越来越重要的是短期利润,如果首席执行官不这样做,他将被能做这件事的人取代。这是制度效应,而不是个体效应,对社会有着很大的影响。事实上,它可能毁掉我们的生存环境。

法律在民主观念中的作用是什么

沃尔夫勋爵[①]:法律提供了民主运作的框架。对那些通过投票当选的人来说,民主是制定法律的机会,民主会受到法律的保障。法律对于民主的有效运作至关重要,因为民主的概念本身也致力于法治。在这方面,我要说,只要维护法治的既定程序,有些国家即使在其民主进程相当薄弱的情况下也能运作良好。如果不承认法治,民主也不会完全奏效。例如,一个经过民主选举产生的恐怖组织与一个未经选举产生的恐怖组织一样有缺陷。有很多这样的例子。我认为,民主的一部分涉及法治所反映的价值观。

---

① 沃尔夫勋爵(Lord Woolf):英国终身贵族、退休律师、法官、上议院议员。他曾担任大法院案卷主事官、英格兰和威尔士首席法官、英格兰和威尔士法院院长等职务。

苏珊·赫尔曼[①]：几周前，在我参观葛底斯堡战场遗址时，我脑海中闪现出亚伯拉罕·林肯的话，林肯说政府应该是"民有、民治、民享"的。在我看来，民主观念的核心是法律观念。首先，法律应该也是民有、民治、民享的，自相矛盾的是，法律是一个单独的概念，尽管它应该是不可分割的。当你把法治的概念叠加在民主上面时，法律就会被公平执行和实施。这是法律在宪政民主中的作用，它超越了法律在社会中的目的。

我发现，当我谈论宪法以及美国公民自由联盟正在做的一些事情时，尤其是在美国，当我告诉人们我们并没有真正生活在一个民主国家时，他们会感到惊讶。我们生活在一个宪政民主国家，大多数人希望做的事情可以被付诸法律。但这不是事实，因为宪法界定并搁置了某些我们希望成为社会原则的内容。法治意味着通过大多数人能够制定出一项法律，如果该法律违反了这些基本原则，那么该法律仍是无效的。我认为这是法治的一个非常重要的因素，这不仅在民主中，而且在宪政民主中都是非常重要的。你可以拥有不公正的民主，也可以拥有不公正的法律，在这种情况下，需要正义来发挥某种类似于宪法的作用，或者能够阐明某些价值观

[①] 苏珊·赫尔曼（Susan Herman）：美国法律学者。她是美国公民自由联盟主席，自1980年以来一直在布鲁克林法学院任教。

或原则。无论大多数人想做什么，这些原则都会首先被提及，然后压倒其他考量。在我看来，这是法治和暴民统治的重要区别。

当面对恐怖主义等威胁时，一个国家如何在自由的需求与安全的需求之间保持平衡

沃尔夫勋爵：必须划出两者的界限。有些机构可以权威性地划出这些界线，并指出你决不能做的事。我们的价值观是最重要的，例如在任何情况下都禁止酷刑。没有灰色地带，你就是不能刑讯逼供！同时，你也要对公民实施保护，保护公民可以说是政府的首要职责。要能在有限的程度上保持这些价值，你就必须利用资源，弥补所有弱点。鉴于政府在监控通信方面的权力日益增加，我认为对此必须坚定立场。我们生活在一个需要限制权力以便保护我们社会成员权利的社会中，这是另一条需要划出的线，是划在很重要但又非常难划清楚的领域。

苏珊·赫尔曼：我首先想到的回答是：很难！"9·11"

事件发生后不久，人们对发生的事感到非常恐慌，他们很容易放弃我们的一些基本原则，希望借此变得更安全。美国发生了许多不同的事情，人们谈论关塔那摩，这是对正当程序原则的一次公然侵犯。难道你可以无限期地把人关起来，不经过听证来确定他们是否真的是敌方战斗人员？我认为，这极大地偏离了正当程序。在这方面，最高法院是给予支持的，我们至少举行了一些听证会，只是没有达到应有干预的程度，但这只是个开始。我们也放弃了很多自由，因为国会和总统提供了布置各种天罗地网的诱惑。有人认为，你必须进行广泛监控，并将各种信息存入数据库，也许你将因此能够抓住一个难觅其踪的恐怖分子。

然而，我们都知道，当你布下天罗地网时，你也会遇到意外的情况，而且第一修正案中的言论自由、结社自由和宗教自由都因我们受到诱惑而允许的刑法和监视受到损害。"9·11"事件后，政府的透明度也大大降低。他们提出了马赛克理论，即透露任何有关我们如何打击恐怖主义、如何进行监视及监视何种信息都是危险的，因为如果敌人将这些零散信息与其他零散信息结合在一起，可能会对他们有所帮助。他们可以据此制定应对方案，因此假定这些都是不能告诉任何人的，一切都需要保密。缺乏透明度已经成为一个巨大的问题。

民主社会要想运作，就需要政治制度、法治、人权和人民的参与。现代民主的出现可以追溯到17世纪的英国和1628年的《权利请愿书》(Petition of Right)。自那时，"权力"与"人民"之间一直存在天然的拉锯战，双方就政治制度对公民社会的干预程度、法律的性质及其适用范围以及人权在多大程度上得到尊重和捍卫等问题上交锋激烈。像恐怖主义这样的现象，甚至2020年的新冠病毒大流行，都会带来新的权力斗争。但公民参与至关重要，因为如果没有公民参与，就没有对权力机制的抵制。

你会给下一代提出什么建议

巴西姆·优素福：你必须质疑一切，并把一切都公开。你不能让任何人告诉你该怎么想。质疑是一件让所有人都感到害怕，也让权力感到恐惧的事情。无论是通过辩论、喜剧还是讽刺的方式来提出问题，你要对一切提出质疑。质疑是革命的前奏。

加里·卡斯帕罗夫：越来越多的年轻人对政治产生了兴

趣，我们应该感谢特朗普唤醒了他们。民主不是唾手可得的东西，罗纳德·里根曾经说过："自由和灭亡间的距离绝不会超过一代人。"我们的民主工具已经生锈，因为人们以为它们总是自动运作的。特朗普的胜利表明，民主的许多传统支柱，比如避免利益冲突和分权，都处于危险之中。阻止这种衰落的唯一办法就是参与政治。看看特朗普的无能，在他就任总统的头几个月里在世界各地造成的混乱。或许正是这种混乱唤醒了选民，让他们奋起反抗民粹主义的崛起。特朗普不够聪明，不足以推动民粹主义，但在他的核心集团里，像史蒂夫·班农这样的人指出了现有的问题。不管法拉奇、勒庞还是班农，他们都指出了现有的问题，称现任政府无法管理国家。然而，他们的解决方案只会使局势变得更糟。围绕民主展开有教育意义的辩论非常重要。

雅尼斯·瓦鲁法克斯[①]：我可能无法给下一代提出建议，我们这代人做得真的很糟！要想找出符合我们共同利益的东西，不可能有任何技术上的办法。我们并不缺乏了解社会的

---

① 雅尼斯·瓦鲁法克斯（Yanis Varoufakis）：希腊经济学家、学者、哲学家和政治家。他曾任希腊政府财政部长，是左翼政党 MeRA25 的创始人。他写了几本书，并在 2018 年与美国参议员伯尼·桑德斯（Bernie Sanders）合作成立了进步国际组织（Progressive International）。

技术。民主不是一种集合体,而是辩证的——它是一种对话。每次交谈时,你都会显得与众不同。其他人的一部分思想变成了你的,你的一部分思想也变成了其他人的一部分。民主不仅仅是投票和集会,它还涉及通过反思了解对方的激情和想法。我们需要为了自己的利益而追求喜欢的东西。正如列宁曾经说过的,归根结底,重要的是谁对谁做什么。这一切都关乎权力和结果。政治是权力关系的结果。

比森特·福克斯·克萨达:你需要参与政治,深入参与其中,你需要与自己的国家和民族共同建立一个有效的政府。你需要创新,需要爱因斯坦、牛顿这样的人。我们需要的是那些不相信现有理念,但能创造新事物的人。眼下,民主的未来就像一个胚胎,我们将看到新的民主结构的诞生,看到新的组建政府的方式、新的组建议会和国会的方式。我们今天的方式是行不通的,我们需要组建新的团体。我们的民主制度和讲真话的领导者需要真相,今天的公共生活中存在着很多误导、欺骗和谎言,你必须坦率、认真和富有创造性。让我们创造一个有真相的新世界,一个机构不腐败的世界,一个民主机构发挥作用的世界。

居伊·伏思达：重要的是要记住，我们这个时代的危机不能靠一个国家来解决，经济危机、难民危机、反恐斗争都是如此。只有共同努力，我们才能解决这些问题，创造出一个更美好的世界。民族主义不能成为解决问题的方式，如果民族主义的趋势持续下去，我会敦促年轻一代多研究欧洲民族主义的历史，那不是我们想重蹈的覆辙。尽管如此，我认为，民族主义最终将被子孙后代所摒弃。政治家无法解决我们面临的挑战，因为这些挑战是全球性的。因此，我要向下一代人传达的信息是：学习不同文化，在你们的共同价值观的基础上再接再厉，为解决全球问题而努力。

民主并不是新鲜事，我们的世界已经对它进行了 2 500 多年的实验。但在研究如何管理和分配权力时，民主在现在的人类文明中才首次获得优势地位。世界上的民主危机更多地与所实行民主的质量有关，而不是与现有民主党派的数量有关。从选举的司法合法性不可靠到操纵证据使各国陷入战争，这方面的例子不胜枚举。从特朗普到莫迪（Modi），我们的世界似乎出现了越来越多的伪民主独裁者，他们压制挑战者，同时给予其他人足够的自由来使其相信他们的确是自由的。

巴西姆·优素福亲身见证了这一切的后果，他通过喜剧和讽刺批评政府，因此不得不逃离埃及。在他看来，民主首先是要保护少数群体和需要帮助的人，这是有道理的。民主把我们与平等的观念联系在一起。正如巴西姆告诉我的那样，除非能在任何情况下保护所有人，否则你不能声称自己拥有一个有意义的民主国家。即使在自由的西方民主制度中，我们也不能对这一现实视而不见。在表面上的自由世界里，民主在越界，现在实施的大规模监控，就在表明我们的社会在多大程度上是自由的，而在多大程度上民主是相对的。虽然我们被赋予投票和选择领导人的权力，看上去可能拥有自由和民主，但这不是真正的民主。

这种充分自由的观点使我们回到了民主是一种妥协的立场上，妥协的目的是平衡社会成员的利益。民主不是真正意义上的平衡利益，因为我们认为，民主是统治精英——无论是政治精英还是企业精英——与人民之间的伪谈判，即人们准备放弃一些自由以换取他们更舒适的生活。我们看到社会之间存在巨大的不平等，以及人们希望得到无论是经济、社会还是政治方面的自由。人们所处的社会之间的巨大不平等，进一步让社会的道德平衡变得不稳定。在西方文明中，消费主义为这种妥协提供了独特的理由。各国人民都找到了在享受舒适生活的同时摆脱政治进程的方法。消费主义为大脑提供了终极麻醉剂。

与真正的独裁统治不同，西方公民对影响他们生活的问题具有辩论、控制和参与的意识。这种参与感得到了公民获得的关于民主的信息水平的支持，同时他们通过投票权、小组讨论、抗议和许多其他互动方式促进参与。可是，既然他们觉得充分参与了民主进程，他们为什么要质疑民主进程？事实上，我们正在遭遇一种被称为"参与谬论"的局面。是的，公民有权选举领导人——尽管这些人有足够的资本参加选举——并就各种各样的问题进行投票，但如果我们回想一下过去10年对西方社会产生了最深刻影响的重要问题，包括战争、银行救助、气候变化等，除了通过抗议来显示民意的权利，公民真的有机会在这些问题上行使民意吗？我认为答案是否定的。即使最粗略地看一眼民意调查和媒体也会发现，许多决策虽然表面上是为了公民的最大利益，但实际上效果却大相径庭，人们对此普遍感到不满。

这不是一朝一夕能解决的问题，现状已经深深植根于我们社会的每一个部分。我们的世界要真正实现民主，就必须从教育开始，以文化结束，这意味着公民不仅要更多关注民主的机会和进程，而且还要接受一种重视容忍、和平、繁荣和人的尊严的文化，而不是崇尚无知和教条的文化。居伊·伏思达是比利时第47任首相，自2016年以来一直担任欧洲议会英国脱欧事务协调员，这使他处于欧洲和平时期面临的最大危机的中心。他告诉我，各国政府无法独自解决全世界所面临的危机。无论我们如何看待这个时代的经济危机与难民危机，甚至是打击恐怖主义的斗争，都需要所有人共同努力去解决。他明确地表示，今天的年轻人阅读历史并想回归我们在欧洲曾经看到的民族主义，可能会带来潜在的严重后果。注意到这一点非常重要。

戴维·艾森豪威尔（David Eisenhower）说："从长远来看，人民将比我们的政府更能促进和平。事实上，我认为人们如此渴望和平，总有一天政府最好别碍事，让他们拥有和平。"然而，要做到这一点，我们需要明白，共同的社会观念和私利在很大程度上是不相容的。我们认识到，为了换取一些名义上的舒适，我们放弃了自己和全世界数十亿公民的自由，我们失去了可感知的道德制高点，也失去了对社会自由的主张。

致　谢

感谢我的妻子拉谢尔·沙阿（Rachael Shah），给予我最大的支持和鼓励，一直鼓励我追随本心。10年前，丹尼·多纳奇（Danny Donachie）端着一杯茶坐在屋顶露台上，她帮助我播种下了写这本书的种子。莱斯利·奥马拉（Lesley O'Mara）、乔·斯坦索尔（Jo Stansall）和迈克尔·奥马拉图书公司（Michael O'Mara Books）支持并指导我完成了写作过程。乔尔·科恩（Joel Cohen）和海莉·奥尔森（Hayley Olsen）自2007年以来一直负责编辑、修改我的采访内容。卢克·班布里奇（Luke Bainbridge）以其新闻视角帮助我完善了这项工作中的大量内容。每一位受访者都奉献了宝贵的时间与我交谈。

谢谢！

索 引
采访对象按首字母排序

A

A. C. 格雷林（A. C. Grayling）
什么是民主 273
为什么右翼和民粹主义运动激增 283

阿富阿·赫希（Afua Hirsch）
种族与身份的关系是什么 197
为什么各机构对种族主义反应迟缓 201

阿拉斯泰尔·坎贝尔（Alastair Campbell）
为什么右翼和民粹主义运动激增 282
公投是民主的重要组成部分吗 291

阿里安娜·赫芬顿（Arianna Huffington）
为什么商业文化会忽视睡眠 122

艾德·卡特姆（Ed Catmull）
讲故事在人类文化中的作用是什么 046

艾丽芙·沙法克（Elif Shafak）
如何找到自己的身份认同 007
小说和故事里的情节能改变关于性别、性取向和种族等根深蒂固的叙事方式吗 059
为什么写作文化很多时候都反映出一种怀旧感 063

艾伦·杜卡斯（Alain Ducasse）
食物在文化中的作用是什么 088

安德鲁·莫顿（Andrew Motion）
诗歌在社会变革中起到什么作用 051

安东尼·葛姆雷（Antony Gormley）
艺术为什么会存在 031

安尼施·卡普尔（Anish Kapoor）
过上幸福生活意味着什么 013

艺术为什么会存在么 033

B

巴西姆·优素福（Bassem Youssef）
什么是民主 275
你会给下一代提出什么建议 304

保罗·格林格拉斯（Paul Greengrass）
为什么电影能成为文化的重要组成部分 071

贝尔·格里尔斯（Bear Grylls）
怎样才能战胜恐惧 019
灵性在生活中发挥了什么作用 024

本·费伦茨（Ben Ferencz）
我们会看到一个没有冲突的世界吗 253
为建设一个和平的世界，你会给下一代传递什么信息 255

比森特·福克斯·克萨达（Vicente Fox Quesada）
为什么右翼和民粹主义运动激增 281
我们需要更多地参与政治讨论吗 292
你会给下一代提出什么建议 306

彼得·塔切尔（Peter Tatchell）
LGBT+群体受到迫害与人权之间有什么联系 219
你对未来抱有希望吗 220

伯蒂·埃亨（Bertie Ahern）
为什么会存在战争和冲突 237
建设和平与和解进程的开端是什么 245
在变得分裂的社会里，如何能积极地缔造和平 251

C

翠西·艾敏（Tracey Emin）
艺术的力量是什么 082

D

大卫·巴蒂尔（David Baddiel）
网络上展现出的人性是如何影响我们的 222
怎样才能遏制社交媒体被滥用 223

大卫·巴利（David Bailey）
摄影在文化中发挥什么作用 078
照片能改变世界吗 080

丹尼斯·克劳利（Dennis Crowley）
创业意味着什么 146
失败对创业有什么作用 171

德克斯特·迪亚斯（Dexter Dias）
什么是种族 196

迪帕克·乔普拉（Deepak Chopra）
为什么人类无法充分发挥潜力 035

F

菲利普·克雷文（Philip Craven）
生理有缺陷的残疾人面临多么严重的歧视 192
"残疾"一词的真正含义是什么 193
你想告诉那些残疾人什么 194

菲利普·斯塔克（Philippe Starck）
什么是审美 033

索 引

弗朗索瓦·克雷波（Francois Crépeau）
　　如何改善难民的处境 262

弗雷德里克·威廉·德克勒克（Frederik Willem de Klerk）
　　是什么导致了殖民时期的种族隔离，最终演变成了后来的种族隔离制度 198
　　是什么导致了种族隔离制度的废除 200

G

格林教授（Professor Green）
　　生活方式对心理健康有什么影响 121

古尔瓦力·帕萨雷（Gulwali Passarlay）
　　如何改善难民的处境 261

H

哈里·莱斯利·史密斯（Harry Leslie Smith）
　　如何改变贫困 189

哈麦迪·乌鲁卡亚（Hamdi Ulukaya）
　　如何建立一个有着根深蒂固的价值观的公司 106
　　商业在社会中发挥什么作用 131

汉斯·季默（Hans Zimmer）
　　音乐在人类体验中发挥什么作用 065
　　音乐有流派之分吗 068
　　音乐与语言有什么关系 070

何塞·内维斯（José Neves）
　　创业意味着什么 146
　　你给未来的创业者传递什么信息 174

赫斯顿·布卢门撒尔（Heston Blumenthal）
　　为什么食物如此重要 084
　　食物在文化中的作用是什么 086

黑思（Black Thought）
　　诗歌在社会变革中起到什么作用 053
　　年轻一代与艺术运动有什么关系 083

J

基兰·玛朱姆达-肖（Kiran Mazumdar-Shaw）
　　创业意味着什么 142
　　一个伟大的创业者有什么特点 158

吉姆·阿尔-哈里里（Jim Al-Khalili）
　　量子力学有其哲学意义吗 026

加德·萨德（Gad Saad）
　　你从哪里得到奋斗的勇气 226

加里·哈默尔（Gary Hamel）
　　我们需要重新定义领导力吗 101

加里·卡斯帕罗夫（Garry Kasparov）
　　为什么民主很重要 276
　　你会给下一代提出什么建议 304

加里·维纳查克（Gary Vaynerchuk）
　　创业意味着什么 147

贾迈勒·爱德华兹（Jamal Edwards）
　　你会给未来的创业者传递什么信息 175

贾米拉·贾米尔（Jameela Jamil）
　　为什么我们的文化如此严重地贬低女性价值，而只强调其外貌 210
　　社交媒体如何影响人们自我定位形象 211
　　你充满希望吗，你如何保持乐观 217

贾斯汀·巴雷特（Justin Barrett）
宗教和科学是如何在社会中出现的 022

杰克·绍斯塔克（Jack Szostak）
什么是"生命"，活着的感觉是什么 017

杰克·韦尔奇（Jack Welch）
创业意味着什么 145
你会给未来的创业者传递什么信息 176

杰奎琳·诺沃格拉茨（Jacqueline Novogratz）
当今世界需要什么样的领导风格 099
如何建立信任 107
我们需要重新定义成功吗 117
为什么在紧张形势中保持对立的道德感或文化价值观很重要 125

居伊·伏思达（Guy Verhofstadt）
为什么右翼和民粹主义运动激增 284
缺乏公众参与以及公众对民主缺乏了解会带来什么后果 293
你会给下一代提出什么建议 307

K

卡尔·萨芬纳（Carl Safina）
其他物种会感受到意识吗 029

卡洛·安切洛蒂（Carlo Ancelotti）
成为领导者意味着什么 098
当今世界需要什么样的领导风格 100
如何打造和引领表现优异的团队 105
如何建立信任 108
成功和失败意味着什么 116

卡洛·罗威利（Carlo Rovelli）
量子力学有其哲学意义吗 028

凯瑟琳·伍拉德（Catherine Woollard）
全球难民流动的规模有多大 259
各国对难民要承担哪些义务 260
我们需要一个没有边境的世界吗 264

凯文·奥利里（Kevin O'Leary）
你会给未来的创业者传递什么信息 177

克里斯·哈德菲尔德（Chris Hadfield）
在领导力中，失败会发挥什么作用 114
领导力是天生的还是后天造就的 127
领导者如何处理不完整的信息 129

肯·罗宾逊（Ken Robinson）
教育在社会中的作用是什么 036

肯·洛奇（Ken Loach）
电影作为一种表达方式的作用是什么 072
如何讲出一个好故事 073

夸梅·安东尼·阿皮亚（Kwame Anthony Appiah）
为什么身份认同很重要 006
身份认同如何影响社会 008

L

L.A.考夫曼（L. A. Kauffman）
为什么我们的社会需要激进主义 226
你会给下一代活动人士提出什么建议 227

莱赫·瓦文萨（Lech Walesa）
为什么会存在战争和冲突 236

索 引

战争或冲突是合理的吗 243
文化与宗教和冲突与建设和平之间的关系是什么 247
宽恕能代替复仇吗 250
你对下一代最大的担忧是什么 253
为建设一个和平的世界，你会给下一代传递什么信息 254

莱姆·西赛（Lemn Sissay）
诗歌在社会变革中起到什么作用 052
诗人在文化中扮演什么角色 056

莱伊曼·古博韦（Leymah Gbowee）
为什么女性在全世界受到如此多的不公正待遇 213
你会给当代女性传递什么信息 215

兰金（Rankin）
摄影在了解自己方面有什么作用 079
照片能改变世界吗 081

郎朗（Lang Lang）
音乐在人类体验中发挥什么作用 066
什么是表演艺术 066
音乐有流派之分吗 069

劳拉·贝茨（Laura Bates）
女权主义意味着什么 207
女性所面临的性别歧视的规模和现实是什么样的 209
你会给当代女性传递什么信息 215

李彦宏（Robin Li）
创业意味着什么 141
创业者在经济社会中能发挥什么作用 149

对一个创业者来说关键的推动因素是什么 152
一个伟大的创业者有什么特点 157
创业思路的源头是什么 163
一家成功的企业有什么特点 162
慈善事业在创业中的作用是什么 168
你会给未来的创业者传递什么信息 172

里特什·希德瓦尼（Ritesh Sidhwani）
印度电影反映的是一个更加多元化的国家吗 075
音乐在宝莱坞影片中扮演什么角色 077

理查德·布兰森（Richard Branson）
创业意味着什么 140
创业者在经济社会中能发挥什么作用 148
对一个创业者来说关键的推动因素是什么 152
创业思路的源头是什么 162
一家成功的企业有什么特点 163
慈善事业在创业中的作用是什么 167

理查德·迈尔斯（Richard Myers）
成为领导者意味着什么 097
权力对领导者意味着什么 110

理查德·希里夫（Richard Shirreff）
成为领导者意味着什么 097
领导力最本质的特征是什么 102
领导者如何处理不完整的信息 130

刘云平（Ted Lieu）
什么是民主 275
为什么右翼和民粹主义运动激增 286

317

露丝·亨特（Ruth Hunt）
 性取向与身份的关系是什么 218

罗伯特·伯纳德·赖克（Robert Bernard Reich）
 当今世界需要什么样的领导风格 100

罗丝·麦高恩（Rose McGowan）
 为什么这么多人只依靠工作来建立身份认同 009
 为什么我们仍然需要围绕性别歧视进行对话 206

M
马尔蒂·阿赫蒂萨里（Martti Ahtisaari）
 为什么会存在战争和冲突 236
 冲突和暴力是人性的一部分吗 240
 战争或冲突是合理的吗 242
 建设和平与和解进程的开端是什么 244
 我们会看到一个没有冲突的世界吗 252
 为建设一个和平的世界，你会给下一代传递什么信息 254

马克·库班（Mark Cuban）
 如何进行谈判 111
 在领导力中，失败会发挥什么作用 113

马特·海格（Matt Haig）
 新闻和社交媒体对心理健康有什么影响 224

马娅·安杰卢（Maya Angelou）
 讲故事在人类文化中的作用是什么 047
 为什么要写作 047

 诗歌在社会变革中起到什么作用 049
 诗歌在文化中的作用是什么 054
 是什么让一件作品真正伟大 057
 文字如何与其他文化形式并存 058
 文字在青年文化中发挥什么作用 060
 写作一定要有道德感或负有道义责任吗 061

玛丽娜·阿布拉莫维奇（Marina Abramović）
 每一个生命都有意义吗 018
 艺术为什么会存在 032

玛琳娜·肯塔库奇诺（Marina Cantacuzino）
 有些行为是不可宽恕的吗 248
 宽恕能代替复仇吗 249

迈克尔·奥托（Michael Otto）
 慈善事业在创业中的作用是什么 169

迈克尔·刘易斯（Michael Lewis）
 公民是否了解政府应该如何与他们打交道 278
 如何让民众重新参与政府决策 294

梅琳达·法兰奇（Melinda French）
 生活经历对你处理国际上女性面临的问题产生了什么影响 212
 教育在全球发展中发挥什么作用 214
 你充满希望吗，你如何保持乐观 216

莫比（Moby）
 音乐在人类体验中发挥什么作用 064
 音乐有流派之分吗 067
 音乐与语言有什么关系 069

莫塞斯·奈姆（Moisés Naím）
　什么是权力 295
　公民是否理解权力对生活的影响 297

穆罕默德·尤努斯（Muhammad Yunus）
　创业意味着什么 142
　创业者在经济社会中能发挥什么作用 149
　对一个创业者来说关键的推动因素是什么 152
　慈善事业在创业中的作用是什么 168
　你会给未来的创业者传递什么信息 173

N

N.R. 纳拉亚纳·穆尔蒂（N. R. Narayana Murthy）
　创业意味着什么 143
　创业者在经济社会中能发挥什么作用 150
　一个伟大的创业者有什么特点 159
　一家成功的企业有什么特点 164
　慈善事业在创业中的作用是什么 168

纳文·贾恩（Naveen Jain）
　对一个创业者来说关键的推动因素是什么 154
　你会给未来的创业者传递什么信息 176

尼科·罗斯博格（Nico Rosberg）
　如何打造和引领表现优异的团队 105
　成功和失败意味着什么 116
　你从 F1 的职业生涯中学到了什么 123

诺姆·乔姆斯基（Noam Chomsky）
　我们的社会在多大程度上是自由和民主的 276
　外交政策的真正驱动力是什么，以及这对公民有什么影响 287
　企业会对社会产生什么影响 298

Q

奇普·威尔逊（Chip Wilson）
　对一个创业者来说关键的推动因素是什么 153
　一个伟大的创业者有什么特点 158
　失败对创业有什么作用 171

乔丹·B.彼得森（Jordan B. Peterson）
　过上幸福生活意味着什么 012

乔迪·威廉姆斯（Jody Williams）
　为什么会存在战争和冲突 237
　战争或冲突是合理的吗 241
　我们会看到一个没有冲突的世界吗 251

乔科·威林克（Jocko Willink）
　韧性在领导力中发挥什么作用 120
　领导者如何处理不完整的信息 128

乔治·鲁普（George Rupp）
　全球难民流动的规模有多大 259
　我们需要一个没有边境的世界吗 265

乔治·丘奇（George Church）
　什么是"生命"，活着的感觉是什么 017

乔治·竹井（George Takei）
　媒体对种族的描述如何影响种族主义 202

S

萨古鲁（Sadhguru）
　活着意味着什么 011

灵性在生活中发挥了什么作用 023

山姆·尼尔（Sam Neill）
过上幸福生活意味着什么 014
生活中哪里能找到快乐 019

诗人乔治（George the Poet）
为什么要写作 048
诗歌在社会变革中起到什么作用 052

史蒂芬·平克（Steven Pinker）
如何找到生命的意义和道德的基础 015

史蒂夫·鲍尔默（Steve Ballmer）
创业意味着什么 145

史蒂夫·凯斯（Steve Case）
创业意味着什么 144
对一个创业者来说关键的推动因素是什么 154
创业者最常犯的错误是什么 165
你会给未来的创业者传递什么信息 175

斯科特·法夸尔（Scott Farquhar）
企业在多大程度上能与社区融合 170

斯坦利·麦克里斯特尔（Stanley McChrystal）
成为领导者意味着什么 095
权力对领导者意味着什么 109
在领导力中，失败会发挥什么作用 113

斯特夫·弗里德曼（Stew Friedman）
成为领导者意味着什么 098

斯图尔特·巴特菲尔德（Stewart Butterfield）
你会给未来的创业者传递什么信息 178

苏珊·赫尔曼（Susan Herman）
法律在民主观念中的作用是什么 301
当面对恐怖主义等威胁时，一个国家如何在自由的需求与安全的需求之间保持平衡 302

苏世民（Stephen Schwarzman）
如何让卓越成为公司文化的一部分 103
如何建立一种让成功与失败"融合"的文化 118

索尔·威廉姆斯（Saul Williams）
诗歌在文化中的作用是什么 055

索菲亚·阿莫鲁索（Sophia Amoruso）
如何将作为企业家的身份与作为个人的身份区分开来 160

T

唐纳·卡兰（Donna Karan）
对一个创业者来说关键的推动因素是什么 156

托里·伯奇（Tory Burch）
创业意味着什么 143
一个伟大的创业者有什么特点 159

托马斯·亨德里克·伊尔韦斯（Toomas Hendrik Ilves）
为什么反欧情绪在增长 290

托尼·奥·埃鲁梅鲁（Tony O. Elumelu）
创业者在经济社会中能发挥什么作用 151
一家成功的企业有什么特点 164
你会给未来的创业者传递什么信息 175

索 引

W

威廉姆·亚当斯（Will.I.Am）

对一个创业者来说关键的推动因素是什么 155

一个伟大的创业者有什么特点 160

你会给未来的创业者传递什么信息 177

沃尔夫勋爵（Lord Woolf）

法律在民主观念中的作用是什么 300

当面对恐怖主义等威胁，一个国家如何在自由的需求与安全的需求之间保持平衡 302

X

希林·伊巴迪（Shirin Ebadi）

为什么会存在战争和冲突 235

冲突和暴力是人性的一部分吗 240

战争或冲突是合理的吗 242

文化与宗教和冲突与建设和平之间的关系是什么 247

为建设一个和平的世界，你会给下一代传递什么信息 257

悉达多·罗伊·卡普尔（Siddharth Roy Kapur）

电影与印度文化有什么关系 074

印度电影反映的是一个更加多元化的国家吗 076

音乐在宝莱坞影片中扮演什么角色 077

肖恩·卡罗尔（Sean Carroll）

量子力学有助于理解生命的基本原理吗 025

量子力学有其哲学意义吗 027

谢家华（Tony Hsieh）

成为领导者意味着什么 096

谢丽尔·桑德伯格（Sheryl Sandberg）

如何从逆境和挑战中学习 124

逆境如何塑造我们 125

Y

雅尼斯·瓦鲁法克斯（Yanis Varoufakis）

你会给下一代提出什么建议 305

亚历山大·贝茨（Alexander Betts）

全球难民流动的规模有多大 258

我们需要一个没有边境的世界吗 264

扬·马特尔（Yann Martel）

讲故事在人类文化中的作用是什么 047

为什么要写作 049

是什么让一件作品真正伟大 058

文字如何与其他文化形式并存 059

写作一定要有道德感或负有道义责任吗 062

杨致远（Jerry Yang）

创业意味着什么 144

创业者最常犯的错误是什么 166

伊比·尼尔（Iby Knill）

奥斯威辛的经历改变了你的身份意识了吗 204

分享奥斯威辛故事的重要意义是什么 205

伊切·泰玛尔库兰（Ece Temelkuran）

为什么右翼和民粹主义运动激增 279

尤瓦尔·诺亚·哈拉里（Yuval Noah Harari）
为什么人类会认为与其他物种不一样 014
你对人类的未来有什么担忧和希望 020

约翰·伯德（John Bird）
政府在消除贫困中发挥什么作用 190

约翰·科特（John Kotter）
领导者如何有效地改变员工的行为 108

Z

扎伊德·拉阿德·侯赛因（Zeid Ra'ad Al Hussein）
什么原因导致和平破裂 238
全球秩序有多脆弱 243

如何才能创造持久的和平 246

詹姆斯·戴森（James Dyson）
创业意味着什么 141
创业者在经济社会中能发挥什么作用 149
一个伟大的创业者有什么特点 157
你会给未来的创业者传递什么信息 173

詹姆斯·斯塔夫里迪斯（James Stavridis）
什么是权力 296
公民是否理解权力对生活的影响 297

珍·古道尔（Jane Goodall）
对黑猩猩和类人猿的研究如何改变了你对人类的看法 029